Klingst | Menschenrechte. 100 Seiten

W0058172

✷ Reclam 100 Seiten ✷

Inhalt

Warum jetzt ein Buch über Menschenrechte?

Schon seit meiner Jugend hält mich das Thema Menschenrechte in Bann. Ich war Mitglied in einer Schülergruppe der Menschenrechtsorganisation Amnesty International und leistete dort nach dem Abitur Mitte der 1970er Jahre meinen Zivildienst. Im Jurastudium interessierte ich mich besonders für die Menschenrechte und das humanitäre Völkerrecht. Und als Journalist habe ich seit Ende der 80er Jahre immer wieder über Menschenrechtsverletzungen geschrieben. Ich war im Jugoslawienkrieg und im Gazastreifen, in Flüchtlingscamps, Strafanstalten und forensischen Psychiatrien. Als Rechtsreferendar habe ich Mitte der 80er Jahre kurdische Asylbewerber vor Gericht vertreten und eine in Deutschland lebende brasilianische Transsexuelle beraten, die nicht mehr Paulo, sondern Paula heißen wollte. Meine Verwaltungsstation verbrachte ich in der Hamburger Ausländerbehörde. Damals ging es hauptsächlich um afghanische Flüchtlinge, um Kurden sowie um Sinti und Roma. – Doch aus diesen Geschichten allein formt sich noch kein Buch.

Es war zufällig am Tag der Menschenrechte, am 10. Dezember 2015, als ich mir die Frage vorlegte: Warum gerade jetzt ein Buch darüber? Hat sich irgendetwas an der stets prekären Lage der Menschenrechte geändert, gibt es eine neue Bedrohung?

2015 wurden in mindestens 19 Ländern Kriegsverbrechen oder andere Verstöße gegen das humanitäre Völkerrecht verübt.

Amnesty International Report 2015/2016

Als ich das Jahr 2015 Revue passieren ließ, stieß ich zunächst auf etliche gute Nachrichten: In Myanmar zum Beispiel durften die Bürger nach Jahren der Militärdiktatur endlich frei wählen, ebenso in Nigeria. In Burkina Faso machte sich 2015 die neue Regierung an die Aufklärung eines politischen Mordes, der das Land ins Chaos gestürzt hatte. Die dortige Justiz erhob sogar Anklage gegen einen tatverdächtigen und einst sehr mächtigen ehemaligen Präsidenten. Und in der senegalesischen Hauptstadt Dakar musste sich der ehemalige Präsident des Tschad, Hissène Habré, vor einem afrikanischen Sondergericht wegen schwerer Menschenrechtsverbrechen verantworten. Während seiner Terrorherrschaft in den 1980er Jahren starben etwa 40 000 Menschen durch staatliche Gewalt. (Im Mai 2016 erging der Schuldspruch: lebenslange Haft.)

Weitere gute Nachrichten: In Deutschland verurteilte ein Frankfurter Gericht einen Asylbewerber aus Ruanda wegen Beteiligung am Völkermord zu lebenslanger Haft. Als früherer Bürgermeister trug er Mitschuld daran, dass im April 1994 in der Kirche von Kiziguro mindestens 400 Angehörige der Tutsi-Volksgruppe massakriert wurden. »Es war ein unvorstellbares Blutbad, bei dem der Angeklagte knöcheltief im Blut stehend seine Befehle gab«, begründete der Vorsitzende Richter den Schuldspruch.

Überdies ermittelt der Internationale Strafgerichtshof (ICC) in Den Haag zum ersten Mal in seiner noch jungen Geschichte auch gegen mutmaßliche Kriegsverbrecher, die nicht aus Afrika stammen, sondern aus Georgien, Russland und Südossetien. Sie sollen 2008 in den Krieg um Südossetien verwickelt gewesen sein.

So lückenhaft und willkürlich diese Prozesse manchmal auch erscheinen, Schritt für Schritt wird dank des Weltrechtsprinzips sichergestellt, dass Völkermord und schwerste Menschenrechtsverbrechen selbst dann bestraft werden, wenn die Tat in einem anderen Land als dem Sitz des Gerichts begangen wurde und der Täter eine fremde Staatsangehörigkeit besitzt. Mit Sicherheit fragen sich viele Diktatoren heute: Werde ich eines Tages vor Gericht gestellt? Zum Glück lautet die Antwort immer öfter: Ja.

Und noch ein bahnbrechender Erfolg: Im Sommer 2015 urteilte das Oberste Gericht der Vereinigten Staaten, dass die gleichgeschlechtliche Ehe ein Menschenrecht ist und schwule und lesbische Paare in Amerika heiraten dürfen. Bereits kurz zuvor hatten die katholischen Iren in einem Referendum mehrheitlich für die Einführung dieses Rechts gestimmt.

Dennoch überwiegen leider die schlechten Nachrichten: Die Menschenrechtsorganisation Human Rights Watch sprach in ihrem Ende Januar 2016 veröffentlichten *World Report 2016* von »erheblichen Rückschritten«. In vielen Staaten werden Menschen nach wie vor hingerichtet, gefoltert, eingesperrt, bestraft, ausgegrenzt oder vertrieben, nur weil sie anders denken, anders glauben, anders fühlen, anders aussehen, anders lieben – oder nur einfach anders oder besser leben wollen, als es ihnen in ihrem Land möglich oder erlaubt ist.

Aber diese Nachricht ist nicht wirklich neu. Ebenso wenig wie die Tatsache, dass die fundamentalen Rechte der Menschen vor allem in Diktaturen, totalitären Regimen und zerfallenen Staaten verletzt werden. Also in Gemeinwesen, in denen es keine Demokratie und keine Gewaltenteilung gibt und wo keine unabhängige Justiz über die Einhaltung der Freiheitsrechte wacht. Der permanente Verstoß ist dort systemimmanent.

Neu aber ist, dass es um die Menschenrechte immer öfter auch dort schlecht bestellt ist, wo dies eigentlich nicht der Fall sein sollte: in Demokratien. Also in Staaten, die zu den Vorreitern der Menschenrechte gehören, die sie in ihren Verfassungen festgeschrieben haben und sie gerne auf der Weltbühne gegenüber anderen laut einklagen. Selbst im Kreis der Demokratien wird heute zunehmend die Macht über das Recht gestellt. Das ist besonders bedrohlich: Denn wenn Demokratien die Menschenrechte nicht einhalten, wer sollte sie dann noch achten. Vor allem um auf diese gefährliche Entwicklung aufmerksam zu machen, schreibe ich dieses Buch.

Achtung Demokratie!

Es gibt etliche Demokratien, die Menschenrechte verletzen. Mitte Juni 2016 zum Beispiel hielten die Vereinigten Staaten noch immer 80 Terrorverdächtige ohne Anklage im Gefangenenlager Guantánamo auf Kuba fest – viele von ihnen bereits seit 14 Jahren. Einige von ihnen wurden schwer misshandelt. Doch kein einziges ehemaliges Mitglied der amerikanischen Regierung, das nach den Anschlägen vom 11. September 2001 derartige Folterverhöre mutmaßlicher Terroristen angeordnet oder für rechtlich zulässig erklärt hat, ist bisher vor ein US-Gericht gestellt worden. Ebenso wenig die folternden CIA-Agenten.

Ein weiteres Beispiel: Israels Kabinett legte Ende 2015 dem Parlament, der Knesset, ein sogenanntes »Transparenzgesetz« vor, dem zufolge Nichtregierungsorganisationen (NGOs) offenlegen müssen, ob sie Geld aus dem Ausland, vor allem von einer ausländischen Regierung, erhalten. Dasselbe plante Indien. Damit folgen die beiden Demokratien dem unseligen Vorbild autoritärer Regime wie Ägypten und Russland. Das Ziel dieser Gesetze ist deutlich: Mit ihrer Hilfe sollen Bürgerrechtsinitiativen, Stiftungen und Menschenrechtsgruppen, die den Regierungen kritisch auf die Finger schauen und öffentlich Missstände anprangern, finanziell ausgeblutet und mundtot gemacht werden. Denn viele NGOs sind für ihre Arbeit geradezu existenziell auf Spenden angewiesen – auch aus dem Ausland. Israel wie Indien schien es nicht zu beeindrucken, dass eine 1998 von der UN-Generalversammlung verabschiedete Deklaration zum Schutz von Menschenrechtsverteidigern ausdrücklich eine derartige Unterstützung erlaubt.

Doch unter den vielen Menschenrechtsverstößen in demokratischen Staaten haben mich zwei besonders erschreckt. Wahrscheinlich, weil sie mitten in Europa geschehen: in Polen und in Ungarn.

Polens neue rechtsnationalistische Regierung entmachtete Ende 2015 mit ihrer absoluten parlamentarischen Mehrheit das Verfassungsgericht und übernahm die Kontrolle der öffentlich-rechtlichen Medien. Sie ersetzte querköpfige durch willfährige Richter, entließ unbequeme Journalisten und wies die Intendanten staatlicher Theater an, die Proben für ihre Stücke mitzuschneiden und die Video-Aufzeichnungen zur Kontrolle an das Kulturministerium zu schicken.

Ebenso verheerend wie diese Verletzungen grundlegender Freiheitsrechte ist die Begründung: Die polnische Regierungspartei, die sich ironischerweise »Recht und Gerechtigkeit« (»Prawo i Sprawiedliwość«, PiS) nennt, rechtfertigte ihre Attacken auf die Gewaltenteilung, die Unabhängigkeit der Justiz und auf die Meinungs-, Presse- und Kunstfreiheit mit dem Argument, sie habe in freien Wahlen die Mehrheit errungen und verteidige, getragen vom Volkswillen, Polens »nationale, christliche und patriotische Werte«. Dieser schleichende Staatsstreich ist ein Menetekel.

Ähnliches war zuvor schon in Ungarn geschehen. Die dortige rechtspopulistische Regierung unter Ministerpräsident Viktor Orbán und seiner Fidesz-Partei rückte mithilfe eines neuen Mediengesetzes kritischen Journalisten zu Leibe. Der Premier entfachte eine Debatte über die Wiedereinführung der in der EU strikt verbotenen Todesstrafe und lenkte erst ein, als die Europäische Union seinem Land mit dem Ausschluss drohte. Und im Herbst 2015 verweigerte Ungarn massenhaft Flüchtlingen an seiner Grenze den Zugang zu einem Asylverfahren. Orbán behauptete zwar, ihm sei wegen Merkels »Wir schaffen das!« keine andere Wahl geblieben, Ungarn hätte in diesem Moment Europas Außengrenzen und die Verträge von Dublin und Schengen verteidigen müssen. Doch das war nur ein billiger Vorwand: Seit Anbeginn zeigte Ungarn den Flüchtlingen die kalte Schulter und verstieß massiv gegen seine Rechtspflichten aus der Genfer Flüchtlingskonvention und der Europäischen Menschenrechtskonvention. Zur Rechtfertigung berief sich die Regierung Orbán auf die »notwendige Verteidigung« der »kulturellen Identität« und des »christlich-abendländischen Erbes« in Europa.

Ich war im Herbst 2015 selber Zeuge dieser Menschenrechtsverletzungen. Vom ungarischen Staat durften die Flüchtlinge keinerlei Hilfe erwarten, er ließ so gut wie keinen Asylantrag zu, verteilte kein Wasser, stellte keine Zelte auf, bot keine ärztliche Versorgung an. Sein oberstes Ziel war es, die Flüchtlinge so schnell wie möglich loszuwerden. Am 14. September 2015 stand ich in Röszke an der ungarischen Grenze, just an jenem Tag, als die Orbán-Regierung das letzte Loch in dem soeben gezogenen, 175 Kilometer langen Stacheldrahtzaun zu Serbien schließen ließ. Über ein offenes Bahngleis waren hier zuvor Zehntausende von Flüchtlingen nach Ungarn und damit in die EU gelangt.

Nather Alfaraj aus der syrischen Stadt Raqqa war einer der Letzten, die es kurz nach 15 Uhr noch hinüberschafften. Im linken Arm hielt der 31-jährige Grundschullehrer seinen kleinen zweijährigen Sohn, mit dem rechten stützte er seine Frau, die sich auf der Flucht vor den Terroristen des Islamischen Staats (IS) am Bein verletzt hatte.

Danach gingen am Zaun ungarische Soldaten mit Sturmgewehren in Stellung, berittene Polizei patrouillierte entlang der Metallgitter, und am Himmel kreisten Hubschrauber. Vor laufenden Kameras schob eine Diesellok im Abendlicht einen mit Stacheldraht bewehrten rostbraunen Stahlcontainer in die letzte Lücke.

»Bitte, bitte, lasst uns durch!« riefen die Menschen verzweifelt, die plötzlich nicht mehr weiterdurften. Ungarische Polizisten wiesen sie an, sich ein paar hundert Meter weiter, auf der serbischen Seite, an einem offiziellen Grenzübergang anzustellen. Dort, in der Transitzone, auf ein paar tausend Quadratmetern Niemandsland zwischen Serbien und Ungarn, könnten sie warten und am nächsten Morgen einen Asylantrag stellen.

Bis Mitternacht hatten sich rund 2000 Männer, Frauen und

Kinder eingefunden, die meisten aus Syrien. Doch gerade einmal vier Dutzend von ihnen durften am nächsten Tag den weißen ungarischen Grenzcontainer betreten und in der EU um Asyl bitten. Kein einziger Antrag wurde genehmigt, alle Flüchtlinge mussten zurück nach Serbien, die Orbán-Regierung wollte wieder einmal ein Exempel statuieren. Im Dezember 2015 fasste Ungarns Regierungschef die Haltung der Mehrheit seines Volkes kurz und knapp zusammen: »Wir wollen diese Menschen nicht haben.«

Wie ich selber zu den Menschenrechten kam

Die Idee, dass jeder Mensch Rechte hat, die ihm keiner nehmen kann, ist verknüpft mit der Erfahrung, dass genau dies geschieht, dass Menschen sehr wohl ihrer natürlichen Rechte beraubt werden, und zwar täglich und überall auf der Welt. Was dies heißt, habe ich persönlich und aus nächster Nähe zum ersten Mal 1974 in Spanien erlebt. Ich war damals 19 Jahre alt und stand kurz vor dem Abitur. Als Mitglieder von Amnesty International erhielten meine Eltern und ich die offizielle Erlaubnis, einen »Gewissensgefangenen« zu besuchen, wie politische Gefangene damals genannt wurden. Er hieß Alberto Gabikagoyeaskoa und war katholischer Priester im Baskenland. Spanien, damals eine rechte Diktatur, wurde seit 1939 mit harter Hand von Hitlers ehemaligem Verbündeten General Francisco Franco regiert.

Pater Albertos Verbrechen war, dass er sich in seinen Predigten für soziale Menschenrechte eingesetzt hatte, für bessere Arbeitsbedingungen von Fabrikarbeitern, für eine angemessene Entlohnung und ein Recht auf Streik, für Rechte, die seit 1966 im *Internationalen Pakt über wirtschaftliche, soziale und kulturelle Rechte* verbrieft sind. Deshalb sperrte ihn Spaniens hörige Justiz wegen angeblich staatsumstürzlerischer Tätigkeiten für viele Jahre hinter Gitter und verletzte damit das Recht auf freie Meinungsäußerung.

Gemeinsam mit anderen baskischen Priestern, die sich ebenfalls für die Einhaltung der Menschenrechte einsetzten, saß Alberto Gabikagoyeaskoa im Konkordatsgefängnis von Zamora ein, einer ausschließlich für Geistliche reservierten Haftanstalt. Der Priesterknast beruhte auf Verträgen zwischen der Franco-Diktatur und der sie stützenden katholischen Kirche und gewährte den Insassen bessere Haftbedingungen, was Pater Alberto überhaupt nicht recht war: er wollte nicht gegenüber gewöhnlichen Gefangenen bevorzugt werden.

Es war ein heißer Tag, als uns der Gefängnisdirektor empfing und in den stickigen Besucherraum führte. Eine halbe Stunde wurde uns gestattet, politische Themen waren tabu, zwei Gefängnisbeamte protokollierten jedes Wort. Pater Alberto nahm in einem Nebenraum Platz, ein doppeltes Metallgitter trennte uns von ihm. Er war kaum zu erkennen, die ineinander verwobenen Drahtgeflechte verwischten seine Konturen. Der schmächtige Priester fragte uns nach unserem Leben in Deutschland und wollte wissen, ob es seinen Geschwistern im Baskenland gut gehe. Wir erzählten von der Fußballweltmeisterschaft, die Deutschland soeben gewonnen hatte. Pater Alberto erkundigte sich schmunzelnd, ob die Holländer, die Verlierer im Finale, noch mit uns reden würden.

Mit keinem Wort erwähnte er die verschärften Haftbedingungen, sonst hätten die Wärter unser Gespräch unverzüglich abgebrochen. Der Priester saß seit einiger Zeit in einer Einzelzelle, durfte kein Buch, keine Zeitung lesen, jeder Kontakt zu den Mitgefangenen wurde unterbunden. Das war die Strafe für einen Ausbruchsversuch: die Geistlichen hatten einen Tunnel gegraben und waren kurz vor ihrer Flucht erwischt worden. Als wir den Gefängnisdirektor auf die verschärfte Haft ansprachen, wandte er sofort ein, die Deutschen würden sich doch auch gegen linke Terroristen der Roten Armee Fraktion (RAF) mit Einzelhaft und Kontaktsperre schützen. Unseren Einwand, dass sich die Priester gewaltfrei für Menschenrechte einsetzten, während die deutsche RAF mit Gewalt einen Staatsumsturz herbeizuführen versuche, ließ er nicht gelten.

Ein Jahr später, im Sommer 1975, trat ich in Hamburg in der damaligen Deutschland-Zentrale von Amnesty meinen Zivildienst an. Es waren bewegte Zeiten. Ein gutes halbes Jahr zuvor hatten Aktivisten des »Anti-Folter-Komitees« das Amnesty-Büro besetzt, um gegen die Isolationshaft von RAF-Gefangenen zu protestieren, die sie »Vernichtungshaft« nannten. Bei der Räumung unterließ es die Polizei, die Personalien aller Besetzer festzustellen. Später kam heraus, dass sich einige von ihnen bald danach der RAF und dem gewalttätigen Untergrundkampf angeschlossen hatten, unter ihnen Christian Klar und Susanne Albrecht.

Amnesty war schon damals eine der weltweit größten Menschenrechtsorganisationen, und manche waren darum versucht, den Verein als Sprachrohr für ihre politischen Belange zu missbrauchen. So kam es immer wieder vor, dass Aktivisten eine Veranstaltung sprengten und Amnesty, wenn auch erfolglos, zur Abgabe einer öffentlichen Erklärung zwingen wollten. Mal sollte Amnesty die Haftbedingungen für RAF-Gefangene als »Folter« ächten, mal sich mit gewalttätigen Befreiungsorganisationen in Lateinamerika solidarisch erklären, mal alle Wirtschafts- und Touristikunternehmen, die Geschäfte in der Dritten Welt betrieben, pauschal als Menschenrechtsverbrecher brandmarken.

Es waren Jahre, in denen überall auf der Welt heftig über die Spannbreite der Menschenrechte gestritten wurde. Diese Debatte machte selbstverständlich auch nicht vor Amnesty halt. Im Gegenteil, die Auseinandersetzungen innerhalb der Menschenrechtsorganisation spiegelten haargenau den weltweiten Streit wider. Im Großen und Ganzen beschränkte sich Amnesty anfangs auf die Verteidigung der bürgerlichen und politischen Menschenrechte, die oft, wenn auch zu Unrecht, als die »klassischen« Menschenrechte bezeichnet werden. Zu ihnen zählen vor allem die Meinungs-, Versammlungs- und Religionsfreiheit sowie das Verbot von Folter und der Todesstrafe. Pater Alberto war in diesem Sinne ein »klassischer« politischer Gefangener, dessen sofortige und bedingungslose Freilassung verlangt wurde.

Doch vielen Mitgliedern wurde dieses Mandat zu eng. Inzwischen hatten weltweit die wirtschaftlichen, sozialen und kulturellen Menschenrechte an Bedeutung gewonnen. Deshalb plädierte auch Amnesty im Laufe der Zeit mehr und mehr für eine vollständigere Sicht auf die Menschenrechte. Das durchaus zutreffende Argument: Die Menschenrechte sind miteinander verknüpft. Wer nicht demonstrieren darf, kann Hunger und staatliche Misswirtschaft nicht öffentlich anklagen. Und wer hungern muss, hat keine Kraft, um für die Freiheit auf die Straße zu gehen. Diesen Zusammenhang hatte Amnesty bereits 1977 in der Dankesrede für die Verleihung des Friedensnobelpreises hervorgehoben. Sein vorrangiges Engagement für die bürgerlichen und politischen Rechte begründete es damals mit rein pragmatischen Erwägungen: Um effektiv zu bleiben, dürfe sich die Organisation nicht übernehmen.

Kleine Geschichte der Menschenrechte

Vor dem Altar der Kathedrale St. Mary in der südenglischen Stadt Salisbury steht eine mannshohe, mit Stacheldraht umwickelte weiße Kerze. Sie ist das Wahrzeichen und offizielle Logo von Amnesty International und soll an das Sprichwort gemahnen: »Es ist besser ein Licht anzuzünden, als sich über die Dunkelheit zu beklagen.« Der 2005 verstorbene Rechtsanwalt Peter Benenson gründete die Organisation 1961 zur Verteidigung der Menschenrechte. Der Anlass, wie in den Annalen berichtet wird: Benenson hatte in der Zeitung gelesen, dass zwei portugiesische Studenten zu Freiheitsstrafen verurteilt worden waren, weil sie in einer Kneipe auf die Freiheit angestoßen hatten. Portugal war damals wie Spanien eine rechte Diktatur.

Nur wenige Schritte von der Kerze in St. Mary entfernt wird in der Dombibliothek eine der vier verbliebenen Handschriften der berühmten *Magna Charta Libertatum* aufbewahrt. Es ist zugleich das am besten lesbare Exemplar. Diese im Jahr 1215 König Johann abgerungene Verpflichtung gilt als eines der ältesten klassischen Freiheitsdokumente der westlichen Welt. Manche sprechen sogar von einem der ersten verbrieften Menschenrechte, obwohl damals nicht alle Engländer, sondern nur

Adlige von der Beschränkung königlicher Willkür profitieren sollten. »Kein freier Mann soll verhaftet, gefangen gesetzt, seiner Güter beraubt, geächtet, verbannt oder sonst angegriffen werden«, versichert der Monarch in der *Magna Charta*, »noch werden wir ihm anders etwas zufügen, oder ihn ins Gefängnis werfen lassen, als durch das gesetzliche Urteil von Seinesgleichen.«

Eines ist vielen historischen Freiheitsdokumenten gemein: Sie galten nicht für alle Menschen gleichermaßen. Ob die englische *Bill of Rights* von 1689 oder die *Virginia Bill of Rights* von 1776, ob die amerikanische Unabhängigkeitserklärung aus demselben Jahr oder die französische Erklärung der Menschen- und Bürgerrechte von 1789: Wer arm war und nichts besaß, wer den »falschen« Stand, das »falsche« Geschlecht oder die »falsche« Hautfarbe hatte, erhielt weniger oder gar keine Rechte.

Einige, die damals die Unterdrückung der Freiheit laut anklagten, waren sogar selber Ausbeuter. Die US-Präsidenten George Washington und Thomas Jefferson hielten Sklaven, und einer der wichtigsten englischen Menschenrechtsphilosophen und Väter des modernen Rechtsstaats, John Locke, verdiente Geld am Sklavenhandel. Erst Mitte des 19. Jahrhunderts wurde die Sklaverei in den Vereinigten Staaten von Amerika abgeschafft, und es dauerte weitere hundert Jahre, bis Schwarzen dort die vollen Bürgerrechte zugestanden wurden. Und von der formalen Gewährung gleicher Rechte bis zu ihrer praktischen Durchsetzung ist es noch einmal ein weiter Weg. Bis heute sind schwarze Amerikaner im Vergleich zu ihren weißen Mitbürgern ärmer, weniger gebildet, öfter arbeitslos, straffällig und drogenabhängig; sie werden häufiger ins Gefängnis gesperrt, zum Tode verurteilt und sind öfter Opfer von Polizeigewalt.

Weit älter als die verbrieften Menschenrechte ist ihre Idee. Wenn man gezielt danach sucht, lassen sich bereits früh zarte Ansätze finden. Für die christlich-westliche Denktradition besonders wichtig: Nach dem Alten Testament schuf Gott den Menschen nach seinem Ebenbild, darum waren alle Menschen prinzipiell frei und gleich. Aber schon 400 Jahre vor Christus sah der griechische Philosoph Sokrates im Individuum den Ursprung jeder rechtlichen Verpflichtung, und die antike Stoa betrachtete Sklaverei, weil »widernatürlich«, als Unrecht. Allerdings dominierten gegenteilige Denktraditionen wie etwa jene des Aristoteles, für den Sklaverei »natürlich« war.

Doch gerade die Sklaverei, obwohl weitverbreitet und bis heute nicht überall abgeschafft, war mancherorts schon früh ein Stein des Anstoßes. Wahrscheinlich weil sie besonders brutal und umfassend die Rechte eines Menschen negiert. Die Charta von Mandén soll bereits im Jahr 1222 den Gegensatz zwischen freien und unterjochten Menschen aufgehoben und bestimmt haben, dass Kriegsgefangene nicht versklavt werden dürfen. Sie ist angeblich die älteste Verfassung der Welt und hat ihren Ursprung im heutigen afrikanischen Mali. Allerdings existiert die Charta von Mandén nicht als schriftliches Dokument, sondern nur als mündliche Überlieferung. Gleichwohl nahm die UNESCO sie 2009 ins Weltkulturerbe auf.

Lange Zeit wurden Menschenrechte als Abwehrrechte definiert, die den wehrlosen Einzelnen vor staatlicher Willkür und enthemmter Gewalt schützen sollten. Allerdings entwickelte sich daraus die herrschende Lehrmeinung, dass Menschenrechte darum im eigentlichen Sinne auch nicht mehr als bloße Abwehrrechte gegen den Staat seien. Manche machten daraus ein Argument gegen eine ihrer Meinung nach allzu menschenrechtsfreundliche Gesellschaftspolitik und diffamierten etwa Diskriminierungsverbote im Arbeitsrecht als Verwässerung der »echten« Menschenrechte.

Doch das ist falsch, denn die Menschenrechte waren – das zeigt ein Blick in die Geschichte – stets mehr als ein bloßes Recht zur Verteidigung gegen die Obrigkeit. Das Sklavereiverbot zum Beispiel richtete sich vor allem gegen private Händler, die Sklaven verkauften. Erst in zweiter Linie war auch der Staat Adressat, zum einen weil er selber von der Sklaverei profitierte, zum anderen weil er die Opfer vor diesem ruchlosen Geschäft schützen sollte. Darum hatte der Menschenrechtsschutz schon früh zum Ziel, dass der Staat nicht nur etwas Schlimmes unterließ, sondern dass er auch aktiv mithalf, etwas Schlimmes zu verhindern. Menschenrechte enthielten deshalb immer auch einen Gestaltungsauftrag für den Staat.

Wann in der Geschichte der Begriff »Menschenrechte« erstmals auftauchte, bleibt unklar. Zunächst war von »natürlichen Rechten« die Rede. Damit meinte man Rechte, die dem Menschen von Natur aus gegeben sind und die ihm darum unabhängig vom göttlichen oder geschriebenen Recht zustehen. Erste Erwähnungen fanden solche natürlichen Rechte bereits in der Antike, zum Beispiel in der Stoa. Doch erst die sogenannten Frühaufklärer des 17. Jahrhunderts rückten sie ins Zentrum ihres Denkens. Der Holländer Hugo Grotius (1583– 1645) war ein entscheidender Wegbereiter der Theorie subjektiver Rechte. Der menschlichen Natur, argumentierte er, entspreche der Wunsch nach Selbsterhaltung und friedlichem Zusammenleben. Samuel von Pufendorf (1632–1694), ein deutscher Professor, der in Schweden lehrte, machte die Philosophie des Naturrechts mit Erfolg zu einem Teil der Rechtswissenschaften. 1672 erschien in Lund sein viel beachtetes Werk *De iure naturae et gentium*. Unter dem Titel *Acht Bü-*

cher von Natur- und Völkerrecht wurde es auch in deutscher Sprache veröffentlicht. »Und so hat der Mensch eine außerordentliche Würde«, heißt es im zweiten Buch, »weil er eine Seele besitzt, die unsterblich ist und erleuchtet durch das Licht seines Verstandes und die Fähigkeit, die Dinge zu beurteilen und unter verschiedenen Möglichkeiten die richtige zu wählen, und die außerdem noch erfahren ist in vielen Künsten.«

1552 erwähnte der Dominikaner-Pater Bartholomé de Las Casas den Begriff »Menschenrechte«. In einem Brief an den mit Sklaverei befassten »Indianerrat« schrieb er von »las reglas de los derechos humanos«, von den Prinzipien der Menschenrechte. Darin klagte er bitterlich über den Vernichtungskrieg der spanischen Eroberer gegen die Ureinwohner Perus. Ihnen würden »Tod, Mord, Blutbäder, Räuberei, Sklaverei und ähnliches Unheil zugefügt«, so de Las Casas, das »ist gegen das natürliche Recht«. Aber wie so oft gab es auch hier eine Kehrseite. Der Pater war nicht grundsätzlich gegen jede Sklaverei, sondern prangerte nur deren »Auswüchse« an. So erwog er die Einfuhr schwarzhäutiger Sklaven, weil sie angeblich für schwere Arbeit körperlich geeigneter seien als die eher zart gebauten Indios.

Die »Levellers«, die Gleichmacher, eine Gemeinschaft freier Männer, waren Mitte des 17. Jahrhunderts die wohl erste bedeutende Menschenrechtsbewegung. Sie stritten vor allem im englischen Bürgerkrieg für Religionsfreiheit sowie für die Abschaffung der Stände und der Steuerprivilegien des Adels. Ihr philosophisches Konzept gründete ebenso auf bürgerliche wie auf soziale und wirtschaftliche Rechte: auf die Gleichheit der Menschen, die Freiheit des Einzelnen – und auf das Recht auf Eigentum. »Alle Menschen sind von Geburt an gleich, und sie leben gleichermaßen, um ihr Eigentum sowie ihre politische und persönliche Freiheit zu lieben«, schrieb der »Leveller« Richard Overton in seiner Streitschrift *Ein Pfeil gegen alle Tyrannen*.

Hundert Jahre später argumentierte der deutsche Philosoph Immanuel Kant, Freiheit und Gleichheit gehörten untrennbar zusammen und bedingten einander. Freiheit, die ihre Begrenzung nur dort finde, wo sie gegen die gleiche Freiheit aller anderen verstoße, bezeichnete er als ein konstitutives Prinzip jeder politischen Ordnung. Das war ein wichtiger gedanklicher Durchbruch auf dem Weg zu den unveräußerlichen Rechten des Individuums. In seiner Schrift *Zum ewigen Frieden* zog Kant die Menschenrechte als Grundlage für eine Weltfriedensordnung heran. Und sein berühmter kategorischer Imperativ lieferte die philosophische Begründung für die Würde des Menschen, die von der Vorstellung ausging, dass alle Menschen vernunftbegabt sind und unabhängig von ihren jeweiligen Merkmalen denselben Wert haben. »Handle so«, schrieb Kant, »dass du die Menschheit sowohl in deiner Person als in der Person eines jeden anderen jederzeit zugleich als Zweck, niemals bloß als Mittel brauchst.« Weil der Mensch kein bloßes Objekt sein darf, erklärte das deutsche Grundgesetz nach den Verheerungen der Nazi-Diktatur die Menschenwürde für »unantastbar« und verbot ausnahmslos Folter und Todesstrafe.

Ende des 18. Jahrhunderts, der Aufklärer Kant lebte noch, befreiten sich die Amerikaner von den Fesseln der britischen Kolonialherrschaft und begehrten die Franzosen gegen ihren despotischen König auf. »Folgende Wahrheiten erachten wir als selbstverständlich: dass alle Menschen gleich geschaffen sind; dass sie von ihrem Schöpfer mit gewissen unveräußerlichen Rechten ausgestattet sind; dass dazu Leben, Freiheit und das Streben nach Glück gehören«, heißt es in der amerikanischen Unabhängigkeitserklärung vom 4. Juli 1776. »Die Menschen sind und bleiben von Geburt frei und gleich an Rechten«, steht dreizehn Jahre später in der französischen Erklärung der Menschen- und Bürgerrechte von 1789. »Soziale Unterschiede dürfen nur im gemeinen Nutzen begründet sein.« Anderthalb Jahrhunderte waren diese zwei Dokumente in der westlichen Welt und selbst darüber hinaus der entscheidende Referenzpunkt in den Menschenrechtsdebatten. Auf sie bezogen sich fast alle Freiheitsbewegungen.

Am 10. Dezember 1948, nach den Verheerungen des Zweiten Weltkriegs, den monströsen Verbrechen Nazi-Deutschlands und ersten Enthüllungen der Grausamkeiten Josef Stalins, kam die *Allgemeine Erklärung der Menschenrechte* hinzu. »Alle Menschen sind frei geboren und gleich an Würde und Rechten. Alle haben Vernunft und Gewissen und sollten untereinander im Sinne der Brüderlichkeit handeln«, schrieben die damals 56 Staaten der Vereinten Nationen in Artikel 1 fest. 48 stimmten mit Ja, niemand stimmte dagegen, acht enthielten sich. Die Ostblockstaaten störte die starke Betonung der Meinungs- und Glaubensfreiheit, das auf Rassentrennung bedachte südafrikanische Apartheidsregime stieß sich am allgemeinen Gleichheitsrecht. Obwohl nicht rechtsverbindlich, entwickelte die Erklärung eine große katalysatorische Wirkung. Ihr Bekenntnis zu den unveräußerlichen Menschenrechten wurde zum Vorbild für viele Nachkriegsverfassungen. Trotz der vielen Brüche und Rückschläge ist seither die Trias aus Freiheit, Gleichheit und Solidarität das Dreigestirn der Menschenrechte.

Es dauerte allerdings, bis sich auch die menschenrechtliche Selbstverständlichkeit durchsetzte, dass jeder Mensch nicht nur das Recht hat, frei von Furcht zu sein, sondern ebenso frei von Not. Er muss nicht nur frei denken dürfen, sondern auch leben und physisch existieren können. Darum hat er ebenfalls ein unveräußerliches Recht auf Nahrung und Zugang zu Wasser, auf Arbeit und Bildung, auf Wohnung und ärztliche Versorgung.

Dass die sozialen Rechte so spät zündeten, lag unter anderem auch daran, dass die »klassischen« Menschenrechte oft fassbarer erschienen als Teilhaberechte wie etwa das Recht auf Wohnen oder auf Gesundheitsversorgung. Denn wie definiert man zum Beispiel das Recht auf ein Dach über dem Kopf? Und ab wie vielen Kilometern ist für einen Menschen in Frankfurt oder in Ouagadougou der Weg zum Arzt zu weit und nicht mehr zumutbar?

Selbstverständlich stellen sich mitunter auch bei den bürgerlichen und politischen Rechten schwierige Fragen. Wie etwa definiert man Religion oder eine Religionsgemeinschaft? Es existiert also keine Wesensdifferenz zwischen den bürgerlichen und den sozialen Rechten, sondern eher das Bedürfnis, den justiziablen Kernbereich der Menschenrechte von rein politisch-programmatischen Zielsetzungen zu unterscheiden und zu trennen.

Vor allem in den Jahren des Kalten Krieges herrschte eine klare Zweiteilung: Der kapitalistische Westen klagte die »klassischen«, also die bürgerlichen und politischen Menschenrechte ein, der kommunistische Osten und die aufbegehrenden Länder Lateinamerikas die sozialen. Verlangten die Amerikaner »Freiheit für russische Dissidenten!«, riefen die Russen zurück: »Schluss mit der Ausbeutung mexikanischer Landarbeiter in den USA!« Dabei ging es den sozialen Rechten im Westen manchmal besser als im Osten, denn dazu zählt etwa auch das Recht auf Gründung unabhängiger Gewerkschaften. Dennoch: Im Kampf der Blöcke wurden die Menschenrechte zur ideologischen Waffe. Diese Konfrontation schwand erst mit dem Fall der Mauer.

Im Kalten Krieg saß auch Amnesty zwischen den Stühlen. Prangerte der Verein Verbrechen der chilenischen Diktatur an, wurde er als Agent des russischen Geheimdienstes KGB diffamiert. Verlangte er die Freilassung von politischen Gefangenen in der Sowjetunion, stand er angeblich im Sold der CIA. Erst mit dem Ende des Ost-West-Konflikts kam die Wende. Auf der Internationalen Ratstagung in der japanischen Stadt Yokohama beendete Amnesty 1991 seine Politik, sich in erster Linie für politische Gefangene einzusetzen. An die Stelle rückten ein neues Selbstverständnis und ein breiteres Konzept. Der Kern war fortan das weltweite Engagement gegen »schwerwiegende Menschenrechtsverletzungen«. Damit verstärkte sich zwangsläufig auch Amnestys Eintreten für die wirtschaftlichen, sozialen und kulturellen Menschenrechte.

Ebenso beschloss man in Yokohama, dass auch Männer und Frauen, die wegen ihrer sexuellen Orientierung diskriminiert und eingesperrt werden, Opfer von Menschenrechtsverletzungen sind und deshalb unterstützt werden müssen. Schon seit den 1970er Jahren hatten viele Mitglieder aus Europa, den USA und Kanada diesen Schritt gefordert. Aber sie scheitertern lange Zeit am Einspruch vor allem der neuen Amnesty-Mitglieder aus Afrika und Asien. Diese argumentierten, ihre Länder seien noch nicht so weit, und sie fürchteten, ein Engagement für Homosexuelle könnte die ohnehin schwierige Menschenrechtsarbeit in ihren Heimatländern weiter komplizieren.

Chronologie der Menschenrechte

1215 *Magna Charta* **[England]** Sie gilt als eines der ältesten
Freiheitsdokumente der westlichen Welt. In ihr versichert König Johann den Angehörigen des Adelsstan-
des: »Kein freier Mann soll verhaftet, gefangen gesetzt,
seiner Güter beraubt, geächtet, verbannt oder sonst
angegriffen werden, noch werden wir ihm anders
etwas zufügen, oder ihn ins Gefängnis werfen lassen,
als durch das gesetzliche Urteil von Seinesgleichen.«

1222 *Charta von Mandén* **[heutiges Mali]** Sie ist angeblich
die älteste Verfassung der Welt und soll den Gegensatz zwischen freien und unterjochten Menschen aufgehoben und bestimmt haben, dass Kriegsgefangene
nicht versklavt werden dürfen. Allerdings existiert die
Charta von Mandén nicht als schriftliches Dokument,
sondern nur als mündliche Überlieferung. Gleichwohl
nahm die UNESCO sie 2009 ins Weltkulturerbe auf.

1542 *Leyes Nuevas* **[Spanien]** Auf Betreiben des Domini-
kanerpaters Bartolomé de Las Casas verbietet die
spanische Krone u. a. die Versklavung und Ausrottung
der südamerikanischen Indios. Doch die Gesetze
werden kaum befolgt.

1628 *Petition of Right* **[England]** Das Parlament von
England erhebt Beschwerde gegen den König wegen
Amtsmissbrauchs und fordert die Stärkung der eigenen Rechte. So soll u. a. für die Erhebung von Steuern
die vorherige Genehmigung der Volksvertretung
eingeholt und kein Bürger mehr ohne Verhandlung
hingerichtet werden.

1672 *De iure naturae et gentium* [Schweden] Samuel von Pufendorfs einflussreiches Werk wird veröffentlicht. Der deutsche Professor, der in Schweden lehrt, macht die Philosophie des Naturrechts mit Erfolg zu einem Teil der Rechtswissenschaften. Unter dem Titel *Acht Bücher von Natur- und Völkerrecht* erscheint sein Werk auch in deutscher Sprache. Im zweiten Buch schreibt er: »Und so hat der Mensch eine außerordentliche Würde, weil er eine Seele besitzt, die unsterblich ist und erleuchtet durch das Licht seines Verstandes ...«

1679 *Habeas Corpus Act* [England] Das Gesetz festigt und erweitert die bereits in der *Magna Charta* und der *Petition of Right* (s. o.) festgeschriebenen, aber gleichwohl ständig missachteten Rechte. Fortan soll kein Untertan mehr ohne richterliche Prüfung und Anordnung in Haft genommen und gehalten werden dürfen.

1689 *Bill of Rights* [England] Das Gesetz stärkt die Rechte des englischen Parlaments gegenüber der Krone. Abgeordnete genießen weitgehende Immunität und sollen damit ungefährdeter ihr Recht auf Meinungs- und Redefreiheit wahrnehmen können.

12.6.1776 *Virginia Declaration of Rights* [Vereinigte Staaten von Amerika] Im Zuge der Trennung Virginias vom Königreich Großbritannien werden grundlegende Rechte beschlossen, wie die Presse- und Religionsfreiheit, das Prinzip der Gewaltenteilung und Volkssouveränität. Die *Erklärung der Rechte* von Virginia hat großen Einfluss auf die amerikanische Unabhängigkeitserklärung, die französische *Erklärung der*

Menschen- und Bürgerrechte sowie die amerikanische
Bill of Rights.

4.7.1776 *Declaration of Independence* **[Vereinigte Staaten
von Amerika]** »Folgende Wahrheiten erachten wir als
selbstverständlich: dass alle Menschen gleich geschaffen sind; dass sie von ihrem Schöpfer mit gewissen
unveräußerlichen Rechten ausgestattet sind; dass
dazu Leben, Freiheit und das Streben nach Glück
gehören«. So formuliert es die amerikanische Unabhängigkeitserklärung und schreibt damit erstmals
offiziell fest, dass jedes Individuum unveräußerliche
Menschenrechte besitzt.

26.8.1789 *Déclaration des Droits de l'Homme et du Citoyen*
[Frankreich] Mit der *Erklärung der Menschen- und
Bürgerrechte* legt die französische Nationalversamm-
lung das Fundament für Demokratie und Freiheit. Sie
erklärt, dass alle Menschen gleich sind und jedermann
ein unveräußerliches Recht auf Freiheit, Eigentum,
Sicherheit und Widerstand gegen Unterdrückung hat.
Das Dokument ist die erste europäische Menschen-
rechtserklärung.

25.9.1789 *Bill of Rights* **[Vereinigte Staaten von Amerika]**
In zehn Zusatzartikeln zur US-amerikanischen Verfassung werden allen Bürgern u. a. Religions-, Meinungs-,
Versammlungs- und Pressefreiheit gewährt, das Recht
auf Waffenbesitz und der Schutz vor willkürlichen
Durchsuchungen, Beschlagnahmungen und Ver-
haftungen.

September 1791 *Déclaration des droits de la femme et de la
citoyenne* **[Frankreich]** »Die Frau wird frei geboren

und bleibt dem Mann an Rechten gleich«, heißt es im ersten Artikel der französischen *Erklärung der Rechte der Frau und Bürgerin*. Die Frauenrechtlerin Olympe de Gouges verfasst das Dokument, weil die zwei Jahre zuvor erlassene *Erklärung der Menschen- und Bürgerrechte* nur für »mündige Bürger«, also nach damaligem Verständnis nur für Männer gilt. Doch erst 153 Jahre später erhalten Frauen in Frankreich das Wahlrecht.

10.12.1948 *Allgemeine Erklärung der Menschenrechte* **[Vereinte Nationen]** Obwohl nicht unmittelbar rechtsverbindlich ist dieses UN-Dokument über die universalen Menschenrechte seither der wichtigste Bezugspunkt für viele nationale Verfassungen und internationale Menschrechtsverträge.

4.11.1950 *Europäische Konvention zum Schutz der Menschenrechte und Grundfreiheiten* Der in ihr verbürgte Grund- und Menschenrechtsschutz ist für alle 47 Mitglieder des Europarats – und damit auch für sämtliche EU-Staaten – rechtsverbindlich. Über die Einhaltung wacht in erster Linie der Europäische Gerichtshof für Menschenrechte in Straßburg, zunehmend aber auch der Europäische Gerichtshof in Luxemburg.

Mai 1961 **Gründung von** *Amnesty International* Es ist die erste weltweit agierende private Menschenrechtsorganisation. Der britische Anwalt Peter Benenson rief sie ins Leben. Amnestys Hauptsitz ist in London.

16.12.1966 *Internationaler Pakt über bürgerliche und politische Rechte sowie Internationaler Pakt über wirtschaftliche, soziale und kulturelle Rechte* **[Vereinte Nationen]**

Beide Pakte gründen auf der *Allgemeinen Erklärung der Menschenrechte* von 1948. Allerdings sind sie inzwischen völkerrechtliche Verträge und darum für alle Unterzeichnerstaaten rechtsverbindlich.

1978 **Gründung von *Human Rights Watch*** Diese heute ebenfalls weltumspannende, nichtstaatliche Menschenrechtsorganisation firmiert vorerst unter dem Namen Helsinki Watch, soll sie doch zunächst darüber wachen, dass die Sowjetunion und die Staaten des Warschauer Pakts die in der Schlussakte von Helsinki festgelegten Freiheitsrechte einhalten. Der HRW-Hauptsitz ist in New York.

20.12.1993 *Hoher Kommissar der Vereinten Nationen für Menschenrechte* (UNHCHR) Seine Aufgabe ist der Schutz und die Förderung der in den zwei Internationalen Pakten von 1966 (s.o.) verbrieften Menschenrechte. Die Wiener Menschenrechtskonferenz vom Juni 1993 empfahl die Einrichtung des Amtes, sieben Monate später stimmte die UN-Generalversammlung in New York zu. Der UNHCHR ist direkt dem UN-Generalsekretär unterstellt.

7.12.2000 *Charta der Grundrechte der Europäischen Union* Die hier festgeschriebenen Menschen- und Grundrechte, wozu auch soziale und justizielle Rechte zählen, sind für alle EU-Mitgliedsstaaten rechtsverbindlich. Zuvor begnügte sich die EU mit einem Verweis auf die ebenso rechtsverbindliche *Europäische Menschenrechtskonvention*. Doch die Charta soll die europäischen Freiheitsgarantien noch klarer und sichtbarer machen.

Die Menschenrechte sind universal

Es ist bis heute üblich, grundlegende Menschenrechte für nicht allgemeinverbindlich zu erklären. Im Herbst 2015 verweigerte Ungarns Premierminister Viktor Orbán muslimischen Flüchtlingen aus dem Mittleren Osten das Recht auf Asyl und wies ihnen die Tür mit dem Argument, sie teilten nicht die westlichen Wertüberzeugungen, Ungarn und Europa müssten sich vor Überfremdung schützen. Und Kenias Präsident Kenyatta, der mit seinem Vornamen ironischerweise Uhuru heißt, was auf Swahili »Freiheit« bedeutet, rechtfertigt schwulenfeindliche Gesetze und die Diskriminierung und Verfolgung von Homosexuellen damit, dass Afrika nun einmal »andere Werte« hege als der Westen.

Den Menschenrechten ergeht es damit nicht anders als den Rechten insgesamt. Ihre Achtung hängt immer auch vom jeweiligen Stand der Erkenntnis und des gesellschaftlichen Bewusstseins ab. Deshalb kommt es bisweilen zu großen Ungleichzeitigkeiten. Während einige afrikanische Staaten Homosexualität bestrafen, dürfen Schwule und Lesben in Amerika seit einem Urteil des Obersten Gerichts vom Sommer 2015 heiraten. Das Recht auf gleichgeschlechtliche Ehe ist dort ein Menschenrecht.

In vier Ländern wurde gleichgeschlechtlichen Paaren 2015 die Eheschließung oder eine andere anerkannte Lebensgemeinschaft ermöglicht. In mindestens 16 weiteren Ländern gibt es bereits entsprechende Gesetzentwürfe.

Amnesty International Report 2015/2016

Oder man vergleiche zum Beispiel die Lage der Frauen in Saudi-Arabien mit der in Schweden – es liegen Lichtjahre dazwischen. Saudische Frauen, obwohl sie inzwischen studieren und sogar, wenn auch nur sehr eingeschränkt, in ein öffentliches Amt gewählt werden dürfen, unterstehen in der Regel immer noch einem männlichen Vormund. Es ist schwer für sie, eine Ausbildung zu absolvieren und einen Beruf auszuüben, weil sie grundsätzlich keinen Kontakt zu Männern haben sollen, die nicht mit ihnen verwandt sind.

Ungleichzeitigkeiten existieren aber nicht nur zwischen Diktaturen und Demokratien, sondern ebenso, wenn auch längst nicht so dramatisch, zwischen demokratischen Gesellschaften. In einigen osteuropäischen Staaten zum Beispiel werden Homosexuelle offen diskriminiert. Im Gegensatz zu den USA sind Schwule und Lesben in Deutschland rechtlich noch immer benachteiligt und können nicht heiraten, sondern haben lediglich ein Recht auf eine »eingetragene Partnerschaft«. Selbst in den 50 Bundesstaaten der USA herrschten lange Zeit völlig unterschiedliche und zum Teil gegensätzliche Regeln. Das Oberste Gericht im liberalen Bundesstaat Massachusetts ging 2004 voran und legalisierte die schwule und lesbische Ehe. Daraufhin riefen konservative Bundesstaaten zur Gegenrevolution und schrieben in ihre jeweiligen Landesverfassungen, dass eine Ehe nur zwischen einem Mann und einer

Frau erlaubt sei. So entstand ein wildes Durcheinander mit zum Teil hanebüchenen Folgen.

Doch sind derartige Unterschiede, wie manche behaupten, bereits der schlagende Beweis dafür, dass Menschenrechte nicht universal sind? Dass sie nur in einem begrenzten kulturellen und sozialen Kontext Geltung haben können? Wer so argumentiert, stellt die Sache auf den Kopf. Denn das hieße ja, dass es kein gemeinsames ethisches und zivilisatorisches Minimum gibt. Doch das Gegenteil trifft zu: Einige fundamentale Werte sind allen Gesellschaften gemein, unterschiedlich ist nur der jeweilige Entwicklungsstand dieser Gesellschaften und damit auch die Achtung, die der Staat den Menschenrechten zollt. Es ist wie mit konzentrischen Kreisen, die sich wellenförmig um einen harten Kern gruppieren: Die Rechte in diesem Kern sind unantastbar, aber je weiter man sich davon entfernt, je stärker die Rechte erweitert und ausdifferenziert werden, desto weicher werden sie und desto größer wird auch der Raum für die Ausgestaltung durch den Gesetzgeber.

Konkret heißt das: Weder in Saudi-Arabien noch in Schweden darf ein Mensch wegen seiner sexuellen Orientierung verhaftet, eingesperrt, gefoltert oder zum Tode verurteilt werden. Jeder Mensch hat das Recht, ein eigener Mensch zu sein, und das heißt auch, dass er das Recht hat, von der gesellschaftlich akzeptierten Norm abzuweichen. Das ist der harte, unverhandelbare Kern des Diskriminierungsverbots. Doch je ausgefeilter und umfassender ein Menschenrecht ist – zum Beispiel das aus dem Diskriminierungsverbot folgende Recht gleichgeschlechtlicher Paare auf Ehe und auf Adoption von Kindern –, desto weiter öffnen sich staatliche Ermessensspielräume und fallen Traditionen sowie Unterschiede in der gesellschaftlichen Entwicklung oder im Erkenntnisstand ins Gewicht.

Heiner Bielefeldt, Professor für Menschenrechte an der Universität Erlangen, spricht von »unterschiedlichen Dichtegraden eines normativen Anspruchs«, soll heißen: »Bestimmte Kernelemente eines Rechts haben eine nahezu zeitlose Geltung über alle kulturellen und religiösen Grenzen hinweg. Dagegen können andere Aspekte dieses Rechts, wenn auch nicht beliebig, so doch freier ausgestaltet werden.«

Ebenso wird immer wieder eingewandt, der Universalismus der Menschenrechte sei eine rein westliche Erfindung und eine Art Rechtskulturimperialismus. Auf die Frage »Sind Menschenrechte allgemeinverbindlich?« antwortete der im November 2015 verstorbene ehemalige Bundeskanzler Helmut Schmidt einst, sie seien ein »Erzeugnis der westlichen Kultur« und das Beharren auf ihrer universellen Geltung eine amerikanische Meinung. »Ich finde«, sagte Schmidt, »dieser Drang nach Bekehrung und Mission ist eine sehr westliche Eigenart.«

Bei aller Hochachtung und Wertschätzung für den Altkanzler – hier irrte er. Als Leitidee sind Menschenrechte zwar ein Kind der Moderne und als ein verbrieftes und unveräußerliches Recht auf Freiheit, Gleichheit und Solidarität vor allem das Resultat der Aufklärung und europäischer wie nordamerikanischer Revolutionen. Doch sind die Menschenrechte weit mehr als nur ein normatives Projekt des Westens.

Asiaten und Afrikaner, Muslime, Juden, Buddhisten und Hindus – Männer und Frauen – haben die *Allgemeine Erklärung der Menschenrechte* von 1948 mitgeschrieben. Ebenso die Pakte für bürgerliche und soziale Rechte. Und 1993 auf der Weltmenschenrechtstagung in Wien unterzeichneten 171 von damals 186 UN-Mitgliedern den entscheidenden Satz: »Alle Menschenrechte sind universal, unteilbar, bedingen einander und bilden einen Sinnzusammenhang.« Das heißt, die Menschenrechte sind nicht nur allgemeingültig, sondern es existiert zwischen ihnen auch keine Hierarchie, die bürgerlichen Rechte sind nicht wertvoller als die sozialen. Die Konferenz beschloss damals außerdem, das Amt eines UN-Hochkommissars für Menschenrechte einzurichten. Das hätten die Vertreter derart unterschiedlicher Staaten und Gesellschaften nie getan, hätten sie die Universalität der Menschenrechte in Zweifel gezogen.

Natürlich wird den Freiheitsrechten, wie sie etwa westliche Verfassungen festschreiben, nicht überall auf der Welt die gleiche Bedeutung zugemessen und der gleiche Respekt gezollt. Die chinesische Regierung in Peking betont gerne den Vorrang des Rechts auf Entwicklung und den Vorrang der Gemeinschaft vor dem Individuum. Manche islamische Länder stellen göttliches Recht über weltliches Recht.

Doch seit jeher finden sich in allen wichtigen religiösen und philosophischen Schriften klare Bezüge zu den Rechten der Menschen und in allen Gesellschaften gibt es so etwas wie ein gemeinsames ethisches und zivilisatorisches Minimum. Der Tübinger Philosophieprofessor Otfried Höffe nennt es ein gemeinsames »Weltmoral- und Weltrechtserbe«. So schließt etwa das Christentum aus der Gottesebenbildlichkeit des Menschen auf die gleiche Würde von Mann und Frau, und auch der Koran spricht von der Gleichheit der Menschen, vom Recht auf Leben, von Freiheit und Sicherheit. Ebenso ist das Streben nach Gerechtigkeit und Nächstenliebe den großen Religionen und Kulturen gemein, und alle predigen die Goldene Regel: Behandele andere so, wie du von ihnen behandelt werden möchtest.

Auch die Schutzpflicht gegenüber Notleidenden und Flüchtlingen ist keineswegs nur ein christliches Erbe. In der Bibel steht zwar: »Denn ich war hungrig, und ihr habt mir zu essen gegeben; ich war durstig, und ihr habt mir zu trinken gegeben;

ich war fremd und obdachlos, und ihr habt mich aufgenommen.« Doch ähnliche Bekenntnisse stehen ebenso in anderen Schriften und verbinden die Völker über alle religiösen, kulturellen und ideologischen Grenzen hinweg. Selbst der mit den Menschenrechten eng verknüpfte Begriff der Menschenwürde ist nicht allein in westlichen Gehirnen entstanden. Mengzi, der wohl bedeutendste Nachfolger von Konfuzius, erwähnte ihn bereits rund 300 Jahre vor Christi Geburt.

Fast zweieinhalbtausend Jahre später hat dieser Begriff – wenn auch in sehr unterschiedlicher Weise – den Weg in äußerst unterschiedliche Erklärungen und Dokumente gefunden. In einer leider nicht sehr klaren Formulierung heißt es in Artikel 1 der *Kairoer Erklärung der Menschenrechte im Islam* von 1990: »Alle Menschen sind gleich im Sinne der grundlegenden Menschenwürde sowie der Grundrechte und Grundpflichten, ohne jede Diskriminierung aufgrund von Rasse, Hautfarbe, Sprache, Geschlecht, religiösem Glauben, politischer Zugehörigkeit, sozialem Status oder anderer Erwägungen. Wahrer Glaube ist die Garantie für den Genuss solcher Würde auf dem Weg zur Vervollkommnung des Menschen.«

Noch vor der *Allgemeinen Erklärung der Menschenrechte* der Vereinten Nationen wurde in der kolumbianischen Hauptstadt Bogotá 1948 die *Amerikanische Erklärung der Rechte und Pflichten des Menschen* verkündet. Wie das UN-Dokument ist auch sie lediglich eine Deklaration, wird aber inzwischen ebenso als eine Quelle menschenrechtlicher Pflichten anerkannt. Rechtsverbindlich hingegen sind die *Amerikanische Menschenrechtskonvention* von 1969 und das *Zusatzprotokoll über die wirtschaftlichen, sozialen und kulturellen Rechte* von 1988. Über die Einhaltung der Menschenrechte in den amerikanischen und karibischen Staaten, die diesen Verträgen beigetreten sind, wachen die Interamerikanische Kommission für Menschenrechte und der Interamerikanische Gerichtshof für Menschenrechte in San José, Costa Rica. Ebenso bekennt sich die *Charta der Organisation für Afrikanische Einheit*, aus der später die Afrikanische Union (OAU) hervorging, zu den Menschenrechten und fordert alle Mitglieder auf, die in der *Allgemeinen Erklärung der Menschenrechte* von 1948 verbrieften Freiheiten zu beachten. Die *Afrikanische Charta für Menschenrechte und Rechte der Völker* von 1981 schuf sogar ein eigenes Schutzsystem, und seit 2006 tagt in der tansanischen Stadt Arusha der Afrikanische Menschenrechtsgerichtshof.

Dennoch verletzen gerade einige afrikanische Staaten die Menschenrechte besonders schwer – und zwar nicht nur die Diktaturen, sondern ebenso Demokratien. Ausgerechnet Südafrika ließ im Juni 2015 den per internationalen Haftbefehl gesuchten Präsidenten des Sudans laufen. Omar Hassan al-Baschir war zu Gast auf einem Gipfeltreffen der Afrikanischen Union in Johannesburg und hätte dort von Rechts wegen verhaftet werden müssen. Schließlich gehört Südafrika dem Haager Gericht an, das den Haftbefehl ausgestellt hatte. Al-Baschir gilt als einer der Hauptverantwortlichen für die Massaker in Dafur, die nach Schätzungen der Vereinten Nationen seit 2003 etwa 300 000 Menschen das Leben gekostet und zweieinhalb Millionen in die Flucht getrieben haben. Ihm werden Völkermord, Kriegsverbrechen und Verbrechen gegen die Menschlichkeit zur Last gelegt. Doch noch während ein Gericht in Pretoria über die Vollstreckung des Haager Haftbefehls beriet, ließ Südafrikas Regierung den Mordverdächtigen nach Hause fliegen.

Das war ein harter Rückschlag für den wichtigen Grundsatz, dass kein Kriegsverbrecher mehr ungeschoren davonkommen soll. »Die Welt stand an der Seite Südafrikas, um die Apartheid zu bekämpfen«, empörte sich der Chef der Menschenrechtsorganisation Human Rights Watch, Kenneth Roth, auf Twitter. Doch indem Südafrika den für »Massenmorde an Afrikanern« verantwortlichen sudanesischen Präsidenten entkommen ließ, habe das Land seine eigene Justiz und das Weltgericht auf »beschämende Weise beleidigt«. Die US-Regierung, die neben der Europäischen Union besonders auf die Verhaftung al-Baschirs gedrängt hatte, sprach von einem traurigen Tag für die Menschenrechte.

Doch Zuma und weitere afrikanische Staatschefs wehrten sich gegen die Kritik und schlugen zurück. Sie warfen dem Westen ein Messen mit zweierlei Maß und Kolonialherren-Attitüden vor. Insbesondere Washington solle sich mit seinen Menschenrechtsbelehrungen doch bitteschön zurückhalten. Im Gegensatz zu vielen afrikanischen Staaten seien die USA dem Internationalen Strafgerichtshof nicht einmal beigetreten, aus Angst, dort könnten eines Tages auch amerikanische Politiker und Soldaten angeklagt werden. Wenn es in der Regel auch Afrikaner waren, die den Haager Gerichtshof anriefen und um Hilfe bei der Verfolgung von Kriegsverbrechern baten, ist die Kritik an der Scheinheiligkeit des Westens durchaus berechtigt. Dennoch ist die Empörung oft wohlfeil und ein üblicher Vorwand, um von eigenen Verbrechen und demokratischen Versäumnissen abzulenken.

Wer auf andere zeige, solle selber in den Spiegel schauen – das versuchte US-Präsident Barack Obama seinen Gastgebern im Juli 2015, einen Monat nach al-Baschirs Flucht, in einer vielbeachteten Rede am Stammsitz der Afrikanischen Union in Äthiopiens Hauptstadt Addis Abeba deutlich zu machen. Der Sohn einer Weißen aus Kansas und eines Schwarzen aus Kenia

Verurteilte Menschenrechtsverbrecher — eine kleine Auswahl

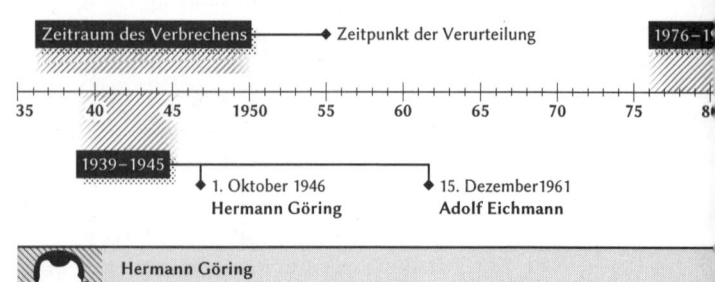

Zeitraum des Verbrechens ◆ Zeitpunkt der Verurteilung   1976–1

35   40   45   1950   55   60   65   70   75   8

1939–1945
◆ 1. Oktober 1946   ◆ 15. Dezember 1961
Hermann Göring   Adolf Eichmann

Hermann Göring
Führender nationalsozialistischer Politiker; ab Mai 1935
Oberbefehlshaber der deutschen Luftwaffe

Adolf Eichmann
SS-Obersturmbannführer und Leiter des Reichssicherheitshauptamtes
(zuständig u. a. für die Vertreibung und Deportation der Juden)

Jean Paul Akayesu
Bürgermeister der Gemeinde Taba (Ruanda)

Onesphore Rwabukombe
Bürgermeister von Muvumba (Ruanda)

Jorge Rafael Videla
Argentinischer General und Diktator

Jean-Pierre Bemba
Kongolesischer Politiker und Unternehmer

Radovan Karadzic
Präsident der »Republika Srpska« (Bosnien und Herzegowina)

Hissène Habré
Präsident des Tschad

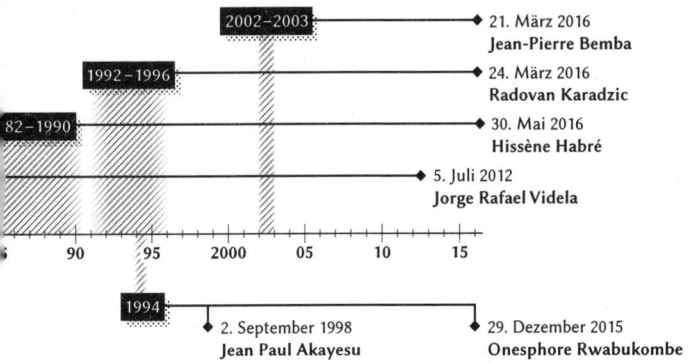

 Verurteilt durch das **International Military Tribunal (»Nürnberger Prozesse«)** wegen: Verbrechen gegen die Menschlichkeit und das Kriegsrecht; Verschwörung gegen den Weltfrieden; Planung, Entfesselung und Durchführung eines Angriffskriegs.

 Verurteilt durch das **Jerusalemer Bezirksgericht** wegen: Verbrechen gegen das jüdische Volk und gegen die Menschlichkeit; Kriegsverbrechen; Mitgliedschaft in einer verbrecherischen Organisation.

 Verurteilt durch den **Internationalen Strafgerichtshof für Ruanda** wegen: Völkermord; öffentlichen Aufrufs zum Völkermord; Verbrechen gegen die Menschlichkeit.

 Verurteilt durch den **Staatsschutzsenat des Oberlandesgerichts Frankfurt** wegen: Mittäterschaft am Völkermord.

 Seit 1985 mehrfach verurteilt wegen: Mord, Anordnung von Folter und Kindesentführungen; zuletzt am 5. Juli 2012 durch das **Bundesgericht in Buenos Aires**.

 Verurteilt durch den **Internationalen Strafgerichtshof in Den Haag** wegen: Kriegsverbrechen; Verbrechen gegen die Menschlichkeit.

 Verurteilt durch den **Internationalen Strafgerichtshof für das ehemalige Jugoslawien** (in Den Haag, »Jugoslawien-Kriegsverbrechertribunal«) wegen: Völkermord; Verbrechen gegen die Menschlichkeit.

 Verurteilt durch ein **afrikanisches Sondergericht im Senegal** wegen Kriegs- und Menschenrechtsverbrechen wie Verschleppungen, Folter, sexueller Sklaverei und politischen Morden.

war der erste amerikanische Präsident, der vor der OAU sprechen durfte. Sein Land sei keineswegs frei von Fehlern, gestand Obama ein, Amerikaner wüssten nur zu genau, was es heiße, diskriminiert und eingesperrt zu werden. Doch rede man in den Vereinigten Staaten offen über das eigene Versagen, es gebe eine unabhängige Justiz und freie Wahlen. Auch der Präsident sei an Recht und Gesetz gebunden. Kein anderer Ort als die Organisation der Afrikanischen Union hätte die tiefe Kluft besser symbolisieren können. Die OAU, die 53 Staaten vereint, rückt immer stärker vom Westen ab, viele ihrer Staatschefs behaupten, in Afrika gälten andere Werte. Und das prunkvolle OAU-Hauptquartier ist ein Geschenk der Regierung in Peking.

Die Chinesen sind den Afrikanern nicht nur deswegen besonders lieb, weil sie, wenn inzwischen mit gebremster Kraft, massiv in die Wirtschaft des Kontinents investieren. Sondern auch weil sie sich – natürlich aus beinhartem Eigeninteresse – vehement für das völkerrechtliche Prinzip der Nichteinmischung in innere Angelegenheiten starkmachen. Das Regime in Peking, das selbst wegen schwerster Menschenrechtsverstöße am Pranger steht, schert sich nicht um die Verbrechen anderer. China ist darum für viele Afrikaner eine reizvolle Alternative zu den sich einmischenden Amerikanern und Europäern.

In der OAU versammelt sich überdies eine besonders illustre Runde von Diktatoren, Despoten und Machtbesessenen. Burundis Regierungschef Pierre Nkurunziza gönnt sich eigenmächtig eine dritte Amtszeit und unterdrückt brutal jeden Protest gegen den Verfassungsbruch; OAU-Gastgeber Äthiopien sperrt ebenfalls seine politischen Gegner ein und verpachtet großzügig Land an ausländische Firmen, von dem es anschließend rücksichtslos alle dort lebenden Menschen vertreibt; Kenias Präsident Uhuru Kenyatta sollte sich wegen Anstiftung zu Mord, Vertreibung und Raub vor dem Internationalen Strafgerichtshof verantworten, bevor die Haager Ermittler 2014 ihre Anklage aus einem eher fadenscheinigen Mangel an Beweisen zurückzogen. Und Südafrikas korrupter Präsident Jakob Zuma hatte nur Hohn und Spott übrig für seine Landsleute, die zu Zehntausenden auf die Straße gingen und forderten: »Zuma must fall« – Zuma muss zurücktreten!

Das schlagkräftigste Argument für die Allgemeingültigkeit der Menschenrechte ist jedoch: Anders als die Regierenden stellen die gepeinigten Untertanen die Universalität nicht in Frage. Mehr noch: Sie berufen sich auf sie und klagen die Achtung der Menschenrechte gegenüber den Herrschenden ein. Das vereint die Demonstranten in Südafrika mit jenen in Burundi und Tunesien, in Ägypten, China oder Russland. Auf dieser Universalität fußte die *Schlussakte von Helsinki*, in der sich 1975 auch die kommunistischen Staaten des Warschauer Pakts zur Wahrung der Gedanken-, Gewissens- und Religionsfreiheit bekannten, und ebenso die *Charta 08*, die mehr als 5000 chinesische Bürgerrechtler und Intellektuelle unterzeichneten. Der Tübinger Philosophieprofessor Otfried Höffe bringt es auf den Punkt: »Weder ist der Westen der einzige Treuhänder der Menschenrechte«, schrieb er 2015 in einem Aufsatz für die Frankfurter Allgemeine Zeitung, »noch können sich andere Kulturen unter Berufung auf ihre nichtwestlichen Werte vom Anspruch der Menschen freisprechen.«

Übrigens ließ der Universalitätsanspruch der Menschenrechte auch Helmut Schmidt nicht kalt. Brasiliens ehemaliger Präsident Lula da Silva, zu Besuch in Deutschland, schaute im Dezember 2009 spontan in Schmidts Hamburger ZEIT-Büro vorbei. Er wollte sich beim Altkanzler dafür bedanken, dass dieser sich während der Militärdiktatur für seine Freilassung eingesetzt hatte. Brasiliens Obristen hatten den Gewerkschafter Lula 1980 ins Gefängnis gesperrt.

Das Krebsgeschwür der Angst

Wann immer Regierungen fundamentale Menschenrechte verletzen, geschieht dies meist aus Angst, etwa aus Angst vor dem Verlust von Sicherheit, von Kontrolle, von Macht, von Privilegien, von Identität oder Kultur. Und regelmäßig werden diese Ängste gegen Andersdenkende, Fremde und Minderheiten instrumentalisiert. Diese Angstmache ist auch Demokratien nicht fremd. Doch anders als in einer Diktatur werden ihr Grenzen gesetzt, moralische, ethische – und besonders wichtig: rechtliche. Vom Grundsatz her ist die Demokratie ein gefesselter Leviathan, ihre Macht ist durch Gesetze und starke Institutionen gezügelt. Das heißt auch: Eine Demokratie muss das »Fremde«, also das, was vermeintlich als macht- und identitätsbedrohend empfunden wird, aushalten, weil die Gesetze und die Institutionen eben auch die Freiheit und Gleichheit aller »Anderen« schützen. Im Kern geht es darum, dass jeder Mensch ein eigenes Leben führen und eigene Entscheidungen treffen darf. Kurzum: Er hat das Recht, ein eigener Mensch zu sein.

Ein wichtiger Wesensunterschied zwischen einer Demokratie und einem autoritären Regime besteht darin, dass eine Diktatur im abweichenden Verhalten und Denken, im Fremd- und Andersartigen etwas Böses und Bedrohliches sieht, das um keinen Preis geduldet werden darf und bekämpft werden muss. Deshalb wird »der Andere« verfolgt, diskriminiert, in seinen Freiheitsrechten eingeschränkt, eingesperrt und manchmal sogar getötet. Ein zweiter Wesensunterschied ist, dass in einer Demokratie die Gesetze und Institutionen derart sturmfest sein sollten, dass sie selbst schweren Konflikten standhalten. Der Wert einer Demokratie, heißt eine Goldene Regel, erweise sich vor allem in der Krise, denn ein gefestigtes demokratisches Gemeinwesen lasse sich nicht von Ängsten und Gefahren in den Würgegriff nehmen.

Doch diese Wesensunterschiede weichen leider auf. »Aus Angst vor Terroranschlägen und dem massenhaften Zustrom von Flüchtlingen«, schreibt der Direktor der Menschenrechtsorganisation Human Rights Watch, Kenneth Roth, im *World Report 2016*, »bewegen sich viele westliche Regierungen beim Schutz der Menschenrechte rückwärts.« Die Folge: Demokratien rüsten um der (vermeintlichen) Sicherheit willen auf und opfern Freiheitsrechte. Immer seltener bestehen Demokratien den Stresstest.

Auch hierfür finden sich aktuelle Beispiele. Als Frankreich 2015 von schrecklichen Terroranschlägen heimgesucht wurde, rief es den permanenten Ausnahmezustand aus, der den staatlichen Sicherheitsorganen weitreichende Freiheitseingriffe erlaubt. Und weil sich unter muslimischen Flüchtlingen islamistische Attentäter verstecken könnten, wollte Ende 2015 mehr als die Hälfte der amerikanischen Bundesstaaten keine Syrer aufnehmen – und schon gar keine muslimischen. Der republikanische Präsidentschaftskandidat Donald Trump forderte sogar, Muslime nicht mehr in die USA einreisen zu lassen.

Aus Angst vor dem Verlust einer wie auch immer gearteten »nationalen Identität« verweigert Ungarn Flüchtlingen Schutz und bringt Polens rechte Regierung Justiz und Medien unter ihre Kontrolle. Und aus Sorge um das vermeintlich »christlich-abendländische« Erbe votierten die Slowenen im Dezember

2015 in einer Volksabstimmung gegen die vom Parlament bereits per Gesetz erlaubte gleichgeschlechtliche Ehe.

Besonders bedrohlich für die Menschenrechte: Demokratisch gewählte Regierungen wie in Polen oder Ungarn, aber ebenso in Dänemark und in anderen Staaten stützen ihre Angriffe auf den Rechtsstaat und die Freiheitsrechte stets mit dem Hinweis auf den Volkswillen und parlamentarische Mehrheiten. Sie stellen die Macht über das Recht. Dieses Argument ist fatal, denn es gründet auf einem rein formalen Verständnis von Demokratie. Doch ohne Rechtsstaatlichkeit und die Achtung der Menschenrechte ist eine Demokratie weder denkbar noch existent.

Mehr noch: Menschenrechte wie das Recht auf Leben, auf Gleichheit, auf Meinungs- und Glaubensfreiheit oder auf ein faires Verfahren werden nicht vom Staat verliehen und sind nicht Teil eines Vertrags, der aufgehoben werden kann. Diese fundamentalen Rechte sind unveräußerlich und stehen dem Menschen kraft seines Menschseins zu. Sie sind nicht verhandelbar und können darum auch nicht von Parlamentsmehrheiten oder durch Volksabstimmungen aberkannt und abgeschafft werden. Der Volkswille steht nicht über den Menschenrechten, sondern ist seinerseits an sie gebunden.

Im Dezember 2008, zum 60. Jahrestag der *Allgemeinen Erklärung der Menschenrechte*, antwortete der renommierte Frankfurter Philosoph Christoph Menke in einem Zeitungsinterview auf die Frage, ob man, wenn die Welt nur aus Demokratien bestünde, noch internationale Institutionen zum Schutz der Menschenrechte bräuchte: »Die wären dann überflüssig.« Diese Schlussfolgerung, obwohl vom theoretischen Ansatz her nachvollziehbar, war leider zu optimistisch. Denn wie der politische Alltag und die aktuellen Erfahrungen lehren, brauchen auch Demokratien dringend Wächter.

Heute mehr denn je: Das Flüchtlingsrecht ist ein Kern-Menschenrecht

Als ich mich am 10. Dezember 2015 auf die Suche nach einer Antwort auf meine Frage ›Warum gerade jetzt ein Buch über Menschenrechte?‹ machte, stieß ich beim Surfen durchs Internet auf ein Video von der feierlichen Verleihung des Friedensnobelpreises im Osloer Rathaus. Er wird traditionsgemäß am Tag der Menschenrechte vergeben. 2015 wurden vier tunesische Organisationen ausgezeichnet. Der Verbund aus Gewerkschaft, Arbeitgeberverband, Anwaltskammer und Menschenrechtsliga hatte sich für den demokratischen Wandel eingesetzt und geholfen, einen Bürgerkrieg in Tunesien zu vermeiden. »Das resolute Eingreifen des Quartetts«, begründete die Vorsitzende der Jury, Kaci Kullmann Five, die Entscheidung, »hat dazu beigetragen, die Spirale der Gewalt zu stoppen.« Wäre in allen Ländern so gehandelt und wären auch dort die Grundlagen für Dialog, Toleranz, Demokratie und Recht geschaffen worden, dann »wären wesentlich weniger Menschen zur Flucht gezwungen«.

Als ich die Laudatio hörte, dachte ich: Furchtbar ist nicht nur, dass Abermillionen Menschen fliehen müssen, um ihr Leben zu schützen. Sondern auch, dass viele von ihnen auf der

Flucht abermals ihr Leben riskieren. Nach Schätzungen des Flüchtlingshilfswerks der Vereinten Nationen UNHCR ertranken 2015 mindestens 3700 Frauen, Kinder und Männer im Mittelmeer. Auch in 2016 waren viele Todesopfer zu beklagen. Laut der Internationalen Organisation für Migration (IOM) kamen allein bis Mitte Juni 2016 mindestens 2859 Menschen bei ihrer Flucht über die Ägäis und das zentrale sowie das westliche Mittelmeer ums Leben. Nicht gezählt wurden die vielen Toten, die auf der Flucht verdurstet, verhungert, an einer Krankheit gestorben oder die, weil sie zum Beispiel ihre Schleuser nicht bezahlen konnten, ermordet worden sind.

2015 sind mehr als 60 Millionen Menschen weltweit aus ihrer Heimat vertrieben worden. Viele von ihnen befanden sich bereits seit mehreren Jahren auf der Flucht.
Amnesty International Report 2015/2016

Europa im Herbst und Winter 2015: Das sind zweieinhalb Millionen Flüchtlinge (von weltweit 62 Millionen), in die Höhe schießende Zäune, patrouillierende Grenzpolizisten und eifernde Politiker. Aber das ist ebenso ein gewaltiges Heer freiwilliger wie professioneller Helfer, die, unterstützt von einer Handvoll aufnahmewilliger Staaten, mit aller Kraft versuchen, das Menschenrecht auf Asyl zu verteidigen.

»Jeder hat das Recht, in anderen Ländern vor Verfolgung Asyl zu suchen und zu genießen«, heißt es in Artikel 14 der *Allgemeinen Erklärung der Menschenrechte*. Doch lange galt dieses Asylrecht als ein bloßes »Notrecht«, eine Art letzter Anker für die Menschenrechte. Manche definierten es auch als ein Sonderrecht, weil es nur zu zweierlei berechtige: zur Flucht, also zur Wanderschaft, und zum »Genuss« von Asyl für den Fall, dass es gewährt wird. Die Frage, welche Schutz- und Rechtspflichten Staaten haben, wenn Flüchtlinge an ihre Türen klopfen, blieb offen. Dies war und ist eine sehr heikle Frage, denn sie berührt unmittelbar viele Bereiche staatlicher Souveränität. Die Flüchtlingskrise seit 2015 hat diese Konflikte wieder einmal sehr deutlich gemacht.

Doch die prinzipielle Frage hat das Recht längst beantwortet: Das Asylrecht besitzt nicht nur selber Menschenrechtsqualität, sondern es ist angesichts von 62 Millionen Flüchtlingen geradezu ein Kern-Menschenrecht. Denn hier hängt alles mit allem zusammen, ist das eine nicht ohne das andere denkbar: Menschen fliehen, weil sie im Krieg oder in einer Diktatur ihrer fundamentalen Menschenrechte beraubt werden. Sie brauchen Schutz und haben deshalb einen Anspruch auf Asyl. Wer ihnen dieses Recht verweigert, liefert sie wieder Krieg und Verfolgung – und damit schwersten Menschenrechtsverbrechen – aus. Das vor allem ist die zentrale Idee der wichtigen *Genfer Flüchtlingskonvention* von 1951.

Der Kern des Asylrechts steht als ein fundamentales Menschenrecht nicht zur Disposition. Niemand darf dorthin zurückgeschickt werden, wo ihm Tod, Folter oder politische Verfolgung drohen. Zweitens hat jeder Flüchtende ein Recht darauf, dass in einem fairen Verfahren geprüft wird, ob er im Rechtssinne ein Flüchtling ist. Und drittens muss anerkannten Flüchtlingen ein Obdach gewährt werden und haben sie einen Anspruch darauf, auch im Exil ein menschenwürdiges Leben zu führen.

Was Letzteres im Einzelfall bedeutet, kann von Aufnahmeland zu Aufnahmeland unterschiedlich beantwortet werden, denn nicht alle Staaten sind im gleichen Maße imstande, soziale Leistungen zu gewähren. Eines aber ist bei aller Differenz zu beachten: Die Flüchtlinge müssen ein Dach über dem Kopf erhalten, dürfen nicht Hunger leiden, sollten arbeiten, ihre Kinder zur Schule schicken können und Zugang zu ärztlicher Versorgung haben.

Keine Gemeinschaft von Staaten hat sich den Menschenrechten stärker verpflichtet als die Europäische Union. Laut Artikel 2 des EU-Vertrags sind die Werte, auf die sich die EU gründet, »die Achtung der Menschenwürde, Freiheit, Demokratie, Gleichheit, Rechtsstaatlichkeit und die Wahrung der Menschenrechte einschließlich der Rechte der Personen, die Minderheiten angehören«. Die EU-Grundrechtecharta führt diese Rechte einzeln auf. Sie ist vor allem aus europapolitischer Sicht wichtig, werden hier doch erstmals in einem einzigen Menschenrechtsdokument nicht nur sämtliche politischen, wirtschaftlichen und sozialen Rechte, sondern auch alle verbindlichen justiziellen Rechte gebündelt. Diese Charta ist, wie der Mannheimer Verwaltungsrichter Jan Bergmann im maßgeblichen Kommentar zum deutschen und europäischen Ausländerrecht schreibt, »ein integrationspolitischer Meilenstein«. Unabhängig davon ist die *Europäische Menschenrechtskonvention* (EMRK), die 1953 in Kraft trat, das wohl bislang wirkungsvollste Regelwerk zur Durchsetzung dieser Rechte. Sie bindet die 47 Staaten, die dem Europarat angehören (also nicht nur die 28 EU-Mitglieder), darunter auch Russland und die Türkei.

Über die Einhaltung der Konvention wacht der Europäische Menschenrechtsgerichtshof in Straßburg, seine Urteile füllen Bibliotheken. Fast alle Mitgliedsstaaten haben bereits auf der Anklagebank gesessen. Italien zum Beispiel wurde wegen eines gewalttätigen Polizeieinsatzes beim G8-Gipfel der führenden Industriestaaten 2001 in Genua verurteilt; Irland wegen ungenügenden Schutzes gegen Kindesmissbrauch in Grundschulen; Großbritannien wegen unzulässiger Zurückschiebung somalischer Flüchtlinge oder der Weigerung, Strafgefangenen das Wahlrecht zu gewähren; Schweden wegen Ausweisung eines straffällig gewordenen Syrers, dem in seiner Heimat womöglich die Todesstrafe drohte; und Deutschland wegen überlanger Gerichtsverfahren.

Einigen Staaten, wie Russland, sind die Straßburger Richter ein ständiger Dorn im Auge. Im Dezember 2015 griff Präsident Wladimir Putin die Macht des Gerichts frontal an. Er unterschrieb ein Gesetz der Duma, des russischen Parlaments, wonach der russische Staatsgerichtshof nun eigenmächtig entscheiden darf, welche Entscheidungen internationaler Gerichte er umsetzen will und welche nicht.

Aber auch Großbritannien hält es meist für eine Zumutung, wenn Richter im fernen Straßburg über den Inselstaat zu Gericht sitzen. Egal welcher politischen Couleur, die Regierungen in 10 Downing Street meinen, sie bräuchten keine fremden Aufpasser, sondern wären sich selber Wächter genug. Am letzten Wort des Europäischen Menschenrechtsgerichtshofs wird aber auch ein Brexit nichts ändern, solange Großbritannien nicht ebenso aus dem Europarat ausscheidet. Auch viele Schweizer würden die *Europäische Menschenrechtskonvention* am liebsten aufkündigten, die Initiative für eine Volksabstimmung mit der Devise »Schweizer Recht statt fremde Richter« erhält regen Zulauf.

Der Europäische Menschenrechtsgerichtshof fällte auch zahlreiche richtungsweisende Urteile zum Flüchtlingsschutz, etwa 2012 gegen Italien. Den Anlass dazu hatte die italienische Marine gegeben. Sie stoppte im Mai 2009 südlich der Insel Lampedusa ein Flüchtlingsboot auf hoher See und expedierte

24 Afrikaner aus Somalia und Eritrea auf einem Militärschiff zurück nach Libyen. Nach dem europäischen Recht hätten die italienischen Behörden prüfen müssen, ob eine Rückführung nach Libyen das Leben der Flüchtlinge gefährdete, ob dort etwa das Risiko einer Verhaftung, einer unmenschlichen Behandlung oder einer Abschiebung in die Heimatstaaten Somalia und Eritrea bestand. Doch diese Prüfung unterblieb. Kein Flüchtling durfte an Bord einen Asylantrag stellen und Italien um Schutz bitten. Die in der Europäischen Konvention verbürgten Menschenrechte, so das Gericht, endeten nicht an Europas Außengrenzen, sondern seien ebenso auf hoher See wirksam. Weil mit der Verletzung von Freiheitsrechten oft auch das zwischen den EU-Mitgliedern geltende Vertragsrecht gebrochen wird, hat seit geraumer Zeit in menschenrechtlichen Streitfragen ebenso der Europäische Gerichtshof in Luxemburg enorm an Bedeutung gewonnen.

Die Pflicht, einem Flüchtenden Obdach zu gewähren, ist fast so alt wie die Menschheit. Sie findet sich in vielen großen Erzählungen wieder und ist nicht etwa an eine bestimmte Religion oder Kultur gebunden. Doch erst Mitte des 20. Jahrhunderts wurde daraus ein verbrieftes Recht. Nach dem Ersten und Zweiten Weltkrieg irrten Millionen Menschen umher und stießen auf die verschlossenen Türen moderner Territorialstaaten. Übrig blieb ein Kreis von Menschen, »die in der internationalen Staatenwelt keinen Platz mehr finden«, schreibt der UN-Sonderberichterstatter für Religions- und Weltanschauungsfreiheit, der Erlanger Universitätsprofessor Heiner Bielefeldt, in seiner *Philosophie der Menschenrechte*.

Niemand schilderte die Folgen für diese vagabundierenden Menschen treffender und einfühlsamer als die Philosophin Hannah Arendt: »Historisch beispiellos ist nicht der Verlust der Heimat, wohl aber die Unmöglichkeit, eine neue zu finden. Jählings gab es auf der Erde keinen Platz mehr, wohin Wanderer gehen konnten, ohne den schärfsten Einschränkungen unterworfen zu sein, kein Land, das sie assimilierte, kein Territorium, auf dem sie eine neue Gemeinschaft errichten konnten.« Als Konsequenz forderte Arendt, die als deutsche Jüdin selber aus Hitler-Deutschland fliehen musste, ein »Recht auf Rechte«, ein Menschenrecht auf Zugehörigkeit zu einer Rechtsgemeinschaft. Heute gelten weltweit etwa zehn Millionen Menschen als staatenlos.

Deutschland hat 2015 über eine Million Flüchtlinge aufgenommen – und natürlich hat diese hohe Zahl nicht nur bei uns gewaltige Probleme aufgeworfen: soziale und kulturelle, politische und religiöse, rechtliche und finanzielle. Das gilt umso mehr, als nur wenige europäische Staaten zu einer Aufnahme bereit sind – im Gegensatz zu den Nachbarstaaten der von Kriegen heimgesuchten Länder.

Jeder Staat hat das Recht, seine Außengrenzen zu schützen. Kein Staat, keine Gemeinschaft muss sich selbst aufgeben. *Ultra posse nemo obligatur* – dieser Rechtsgrundsatz verpflichtet keinen, mehr zu leisten, als er kann, und für etwas zu haften, was nicht einzulösen ist. Doch ab welcher Flüchtlingszahl ist das vertragliche und vertretbare Maß überschritten? Dieser Satz aus dem römischen Recht hilft bei der konkreten Ausgestaltung des Flüchtlingsschutzes ebenso wenig weiter wie die apodiktische Behauptung, dass es nie und unter keinen Umständen eine Obergrenze für Asylbewerber geben kann.

Auch haben nicht alle Menschen, die ihre Heimat verlassen müssen, ein Recht auf Asyl. Ein Schutzanspruch besteht nur bei einer Handvoll von Fluchtgründen. Allgemeine Hoffnungslosigkeit, Armut, Naturkatastrophen, Wassermangel, Umweltzerstörungen oder die Aussicht auf ein besseres Leben gehören nicht dazu, obwohl gerade deswegen im 21. Jahrhundert vermehrt Menschen die Flucht ergreifen. Ebenso wenig zählen zu den rechtlich anerkannten Fluchtgründen die Verweigerung des Rechts auf Arbeit oder auf ein Dach über dem Kopf, auf Bildung oder ärztliche Versorgung, obwohl auch das inzwischen verbriefte Menschenrechte sind.

Es gibt außerdem keine freie Wahl des Zufluchtsorts, kein Flüchtling kann von vornherein selber bestimmen, wo er künftig leben möchte. Dass er in Schweden finanziell und sozial bessergestellt wäre als etwa in Estland, ist kein Argument. Deshalb könnten die EU-Staaten, wenn sie sich denn einigen würden, einen eigenen Verteilungsschlüssel beschließen; kein Land müsste danach unzumutbare Lasten schultern. Schon deshalb ist es unbegreiflich und überdies ein Armutszeugnis, dass sich eine den Menschenrechten besonders verpflichtete Gemeinschaft von über 500 Millionen Bürgern bereits überfordert sieht, zwei bis drei Millionen Flüchtlinge aufzunehmen. Sie sind nur ein halbes Prozent der gesamten EU-Bevölkerung und gerade einmal fünf Prozent aller Flüchtlinge weltweit.

Wichtig aber ist vor allem: Europäische Staaten, die das Recht auf Asyl verweigern, sind nicht nur unbarmherzig, sondern verletzen die Menschenrechte. Artikel 3 der *Europäischen Menschenrechtskonvention* verbietet die unmenschliche Behandlung; daraus folgt ein Zurückweisungsverbot in Staaten, in denen einer betroffenen Person Folter, Todesstrafe oder Lebensgefahr drohen. Artikel 13 formuliert den Anspruch auf effektiven Rechtsschutz, Artikel 4 des Vierten Zusatzprotokolls zur EMRK untersagt Kollektivausweisungen, und Artikel 18 der *Charta der Grundrechte der Europäischen Union* garantiert das Asylrecht gemäß der *Genfer Flüchtlingskonvention* von 1951.

Gerade die Genfer Konvention ist bis heute das wichtigste Dokument des globalen Flüchtlingsschutzes, denn sie bindet alle 147 Länder, die ihr beigetreten sind. Artikel 33 bestimmt: »Keiner der vertragschließenden Staaten wird einen Flüchtling auf irgendeine Weise über die Grenzen von Gebieten ausweisen oder zurückweisen, in denen sein Leben oder seine Freiheit wegen seiner Rasse, Religion, Staatsangehörigkeit, seiner Zugehörigkeit zu einer bestimmten sozialen Gruppe oder wegen seiner politischen Überzeugung bedroht sein würde.«

Dieses Zurückweisungsverbot, »non-refoulement« genannt, wird nicht nur von europäischen Demokratien missachtet. Australien zum Beispiel verstößt besonders aggressiv dagegen und wehrt Aslybewerber bereits weit vor seinen Küsten ab. Noch 2013 gelang 20 000 Menschen die Flucht übers Meer nach Australien, die meisten stammten aus Afghanistan, Sri Lanka und dem Iran. Doch dann, unterstützt von der Mehrheit seiner Bevölkerung, verkündete der damalige konservative Ministerpräsident Tony Abbott »Stop the Boats«. Seither hat es so gut wie kein Flüchtlingsboot mehr nach Australien geschafft. Im Rahmen der »Operation Sovereign Borders« überwacht die Marine lückenlos die Gewässer entlang der Küste und kooperiert dabei auch mit Staaten wie Indonesien, Malaysia und Sri Lanka. Was der Europäische Menschenrechtsgerichtshof den Europäern explizit untersagt hat, exerzieren die Australier ständig: Sie bringen die Schiffe auf hoher See auf und schicken die Flüchtlinge als »illegale Einwanderer« unverzüglich zurück. Keiner von ihnen kann und darf auf dem Meer einen Asylantrag stellen.

Oft werden Flüchtlinge, die von der australischen Marine eingefangen werden, zu den weit entfernt liegenden Weihnachtsinseln deportiert, zum selbstständigen Inselstaat Nauru oder zu der zu Papua-Neuguinea gehörenden Insel Manus. Dort müssen sie unter verheerenden Bedingungen oft jahrelang in einem Internierungslager auf eine Entscheidung warten. Die Untersuchungsberichte der unabhängigen Australischen Menschenrechtskommission nennen dieses Verfahren zutiefst menschenunwürdig. Immer wieder kommt es in den Camps zu verzweifelten Flüchtlingsaufständen, die von der australischen Polizei brutal niedergeschlagen werden.

In seiner Weihnachtsansprache 2015 sagte Bundespräsident Joachim Gauck, dass angesichts einer Million Flüchtlinge in Deutschland Lösungen nur Bestand haben könnten, wenn sie »von Mehrheiten getragen werden« und unseren »ethischen Normen« entsprechen. Das ist richtig. Doch was er nicht sagte, aber hätte betonen sollen: Diese Lösungen müssen sich vor allem am Recht ausrichten.

Zweierlei Maß: Wenn Regierungen die Menschenrechte verletzen

Die Vereinigten Staaten von Amerika bezeichnen sich gerne als »Fackel der Freiheit«, als eine »leuchtende Stadt auf dem Hügel«, die in alle Welt hinausstrahle und an der sich andere ein Beispiel nehmen sollten. Die Staaten der Europäischen Union definieren sich ebenso selbstbewusst als einen »Raum der Freiheit, der Sicherheit und des Rechts«.

Im Dezember 2009 wurde der amerikanische Präsident Obama nach nur elf Monaten im Amt mit dem Friedensnobelpreis ausgezeichnet. Zur Begründung hieß es: »Seine Diplomatie gründet auf der Vorstellung, dass diejenigen, die die Welt führen sollen, dies auf der Grundlage von Werten und Einstellungen tun müssen, die von der Mehrheit der Weltbevölkerung geteilt werden.« Drei Jahre später erhielt die Europäische Union den begehrten Preis für eine Leistung, die das norwegische Nobelkomitee als ihre »wichtigste Errungenschaft« bezeichnete: »Den erfolgreichen Kampf für Frieden und Versöhnung und für Demokratie sowie die Menschenrechte; die stabilisierende Rolle der EU bei der Verwandlung Europas von einem Kontinent der Kriege zu einem des Friedens.«

Kein Zweifel, die Vereinigten Staaten von Amerika, trotz aller Schwierigkeiten und Friktionen ebenso die Länder der Europäischen Union sowie eine Handvoll anderer Staaten sind nicht nur wirtschaftlich erfolgreich, sondern als Demokratien im Allgemeinen ein Hort der Freiheit. Deshalb fliehen Hunderttausende von Not leidenden und verfolgten Menschen hierher und nicht etwa nach Saudi-Arabien, Russland oder China.

Doch leider halten sich inzwischen auch diese Demokratien immer weniger an das, was sie versprechen. Für die weltweite Achtung der Menschenrechte ist dieses Messen mit zweierlei Maß ein tödliches Gift. Denn wenn Demokratien keine Vorbilder mehr sind, wer dann?

Amerikas Regierung etwa ließ nach den Anschlägen vom 11. September 2001 mutmaßliche Terroristen foltern. Penibel dokumentiert ein Bericht des US-Senats vom Dezember 2014 diese Verstöße und bestätigt den Verdacht, dass auf höchster Ebene systematisch Verbrechen begangen und die Menschenrechte verletzt wurden. Mehr als fünf Jahre brauchten Dutzende von Mitarbeitern des Geheimdienstausschusses im Senat, um sämtliche Fakten zu recherchieren. Am Ende hatten sie Hunderte Interviews geführt und mehr als sechs Millionen Dokumente zusammengetragen. Ihr Geheimreport umfasst nahezu 6700 Seiten, dessen öffentliche Version 552 Seiten. Die damalige Ausschussvorsitzende und Senatorin der Demokratischen Partei, Diane Feinstein, nannte die Verhörmethoden der CIA »weit brutaler als angenommen«, Amerika müsse diese furchtbare Wahrheit ertragen. Der Brite Ben Emmerson, »UN-Sonderberichterstatter für Menschenrechte im Kontext der Terrorismusbekämpfung«, sprach von einer »kriminellen Verschwörung«. Doch kein Verantwortlicher wurde vor ein amerikanisches oder ein internationales Gericht gestellt.

Ein weiteres Beispiel: Unter Barack Obama wurde der

Drohnenkrieg gegen mutmaßliche Terroristen extrem ausgeweitet, bis Ende 2015 genehmigte der 44. Präsident der Vereinigten Staaten weit über 600 Angriffe. Er und seine Rechtsberater behaupten, der Einsatz dieser unbemannten Flugkörper sei die »präziseste« und zugleich »schonendste« Waffe im Kampf gegen den Terrorismus, denn sie verursache nur »geringe Kollateralschäden«, will heißen: nur wenige zivile Opfer.

Das ist unwahr. Nach allem, was diverse Untersuchungen von Menschenrechtsverbänden und Denkfabriken zutage gefördert haben, fordert diese Kriegsführung weit mehr unschuldige zivile Opfer als angenommen. Die genaueste Studie stammt vom November 2014 und wurde von der renommierten britischen Menschenrechtsorganisation Reprieve vorgelegt. Sie hat Drohnenangriffe auf 24 mutmaßliche Terroristen in Pakistan und auf 17 weitere im Jemen untersucht. Das Ergebnis: 34 von ihnen wurden getötet – aber auch weitere 1147 Menschen, darunter etwa 150 Kinder. Mit jedem Terrorverdächtigen, so Reprieve, seien im Durchschnitt weitere 28 Menschen ums Leben gekommen. Streng genommen handelt es sich bei gezielten Tötungen um den Vollzug der Todesstrafe ohne Gerichtsverfahren und -urteil. Jedenfalls wenn diese Tötungen dort exekutiert werden, wo kein bewaffneter Konflikt im Sinne des humanitären Völkerrechts vorliegt. Der sogenannte »Krieg gegen den Terror« zählt nicht dazu.

Mit zweierlei Maß messen ebenso Staaten der Europäischen Union. Britischen Soldaten zum Beispiel wird vorgeworfen, irakische Gefangene schwer misshandelt zu haben. Weil Londons Regierung und die primär zuständige Justiz des Königreichs sich mit der Aufklärung zieren, hat der Internationale Strafgerichtshof 2015 angekündigt, zumindest schon einmal Vorermittlungen einzuleiten.

Die Menschenrechtsverletzungen in Europa sind vielfältig. Ungarn und Spanien verstoßen als EU-Mitglieder reihenweise gegen das Recht auf Asyl, weil sie Flüchtlinge bereits an ihren Grenzen abweisen, ohne ihnen die Möglichkeit zu bieten, dort einen Schutzantrag zu stellen. Gegen Ungarn hat die EU ein Verfahren wegen Verletzung der EU-Verträge eingeleitet; den spanischen Fall knüpfte sich Ende 2015 der Europäische Menschenrechtsgerichtshof vor. Selbst dem bis dato relativ großzügigen Österreich drohte Anfang 2016 eine Klage. Erst verkündete die Regierung eine jährliche Obergrenze für Flüchtlinge, dann beschloss sie, pro Tag nur noch maximal 80 Asylanträge anzunehmen und höchstens 3200 Flüchtlinge durchreisen zu lassen, die Schutz in einem Nachbarstaat suchten. Das verstoße eklatant gegen internationales und europäisches Recht, schrieb der EU-Kommissar für Migration, Dimitris Avramopoulos, am 18. Februar nach Wien. »Österreich ist rechtlich verpflichtet, jeden Antrag auf Asyl zu prüfen, der auf seinem Staatsgebiet oder an seinen Grenzen gestellt wird.«

Ebenso wenig ist Deutschland ein »Musterknabe«. Nur äußerst halbherzig bemühte sich die Regierung weiland um die Freilassung des türkischstämmigen Guantánamo-Gefangenen Murat Kurnaz, der in Bremen zur Welt kam und dort aufwuchs. Selbst als die Amerikaner signalisierten, Kurnaz sei keine Gefahr, blieben die Deutschen langzähnig. Hätte die Bundesregierung schneller reagiert, wäre Kurnaz womöglich früher freigekommen und die Menschenrechtsverletzung in Guantánamo damit rascher beendet worden.

In der Krise, lautet eine Weisheit, bewähre sich die Demokratie. Doch die Erfahrungen zeigen: Sie ist nicht wirklich wetterfest, und ihre Vorbildfunktion bröckelt. Die folgenden drei Geschichten erzählen davon.

Obwohl als Straf-, Zucht-, Verhör- und Erpressungsinstrument weitverbreitet, galt die staatliche Folter schon im Mittelalter als institutionalisierte Antithese zu den Rechten des Menschen – darum kann das Folterverbot als die Mutter der Menschenrechte gelten. Folter ist verboten, kein Krieg, kein öffentlicher Notstand, keine noch so große Gefahr und keine noch so hehre Absicht können dieses Verbot relativieren. Kaum ein anderes Verbot zum Schutz des Menschen ist derart in Stein gemeißelt, sowohl in internationalen Abkommen als auch in nationalen Verfassungen und einfachen Gesetzen. Weil nicht ausgeschlossen werden konnte, dass ihm im tunesischen Polizeigewahrsam Folter droht, verbot das Gelsenkirchener Verwaltungsgericht im Juni 2016 die Abschiebung des in Bochum lebenden tunesischen Islamisten und mutmaßlichen ehemaligen Leibwächters von Osama bin Laden, Sami A.

»Es sollen weder übermäßige Kautionen verlangt noch übermäßige Bußgelder verhängt noch grausame und ungewöhnliche Bestrafungen angewendet werden«, bestimmt der achte Zusatz der amerikanischen Verfassung. »Die Würde des Menschen ist unantastbar«, gebietet das deutsche Grundgesetz in Artikel 1. »Sie zu achten und zu schützen ist Verpflichtung aller staatlichen Gewalt.« Und um keinen Zweifel und keinerlei Spielraum für aufweichende Interpretationen aufkommen zu lassen, heißt es zusätzlich in Artikel 104: »Festgehaltene Personen dürfen weder seelisch noch körperlich misshandelt werden.«

Die *Allgemeine Erklärung der Menschenrechte* von 1948 schreibt fest: »Niemand darf der Folter oder grausamer, unmenschlicher oder erniedrigender Behandlung unterworfen werden.« Die Antifolter-Konvention der Vereinten Nationen, die übrigens auch die Vereinigten Staaten von Amerika ratifiziert haben, präzisiert, was genau damit gemeint ist: »Im Sinne dieses Übereinkommens bezeichnet der Ausdruck ›Folter‹ jede Handlung, durch die einer Person vorsätzlich große körperliche oder seelische Schmerzen oder Leiden zugefügt werden, zum Beispiel um von ihr oder einem Dritten eine Aussage oder ein Geständnis zu erlangen …«

Folter ist also verboten. Absolut. Ausnahmslos. Sie ist notstandsfest. So haben es auch der amerikanische Jurastudent John Yoo und der deutsche Jurastudent Matthias Herdegen gelernt. Und so haben sie es später als Rechtsprofessoren ihren Schülern gelehrt.

Natürlich haben Philosophen, Politiker und Juristen immer wieder an diesem strikten Verbot gekratzt und Ausnahmefälle begründet. Doch zum Glück blieb es lange Zeit bei Gedankenspielen. In Deutschland zum Beispiel schrieb 1976 der damalige CDU-Ministerpräsident von Niedersachsen Ernst Albrecht in seinem Buch *Der Staat – Idee und Wirklichkeit*, dass Folter im Einzelfall sogar »sittlich geboten« sein könnte – etwa wenn Terroristen im Besitz von Massenvernichtungswaffen seien und man nur mittels Folter an Informationen gelangen könne, um die Bombe zu entschärfen. Mit den Terroranschlägen vom 11. September 2001 schienen diese apokalyptischen Vorahnungen plötzlich Realität zu werden – und damit brachen die Dämme. Was strengstens verboten war, schien einigen auf einmal als »Rettungsfolter« erlaubt. Sie unterschieden, je nach Zweck, zwischen »guter« und »böser« Folter.

Am Tag der Terroranschläge saß der Rechtsprofessor Yoo in seinem Büro im Justizministerium in Washington. Er schaltete den Fernseher ein, als gerade das zweite Flugzeug in die Türme des World Trade Center krachte. Bald darauf sah er die Bilder vom brennenden Pentagon. Die Hauptstadt sei plötzlich wie ausgestorben gewesen, wie in einem Science-Fiction-Film, erinnert er sich. Auch das Justizministerium wurde evakuiert, nur Yoo und einige andere wichtige Leute blieben zurück. John Yoo war damals Mitglied im Rechtsrat des Justizministeriums, dem Obersten Gericht der Regierung. Der Rechtsrat sagt, was die Exekutive darf – und was nicht. Seine Gutachten sind Gesetz.

Große Angst machte sich in jenen Tagen breit. Die erste Frage lautete: Ist Amerika im Krieg? Und, falls ja, welche Machtbefugnisse hat der Präsident? Yoos Antwort: Ja, wir sind im Krieg. Und der Präsident hat deshalb so gut wie uneingeschränkte Macht, die gesamte Exekutive hat nahezu uneingeschränkte Macht. Yoo wurde 2002 zum Mitverfasser der berüchtigten Rechtsgutachten, die im »Krieg gegen den Terror« staatliche Folter legitimierten. Oder anders gesagt: die mit juristischer Haarspalterei selbst brutalste Verhörmethoden wie das simulierte Ertränken, Waterboarding genannt, nicht als Folter definierten.

Sieben Jahre später, an einem sonnigen Frühlingstag im April 2009: Sanft antwortet der Beschuldigte John Yoo auf den Vorwurf des Staatsanwalts: »Ich habe nur das Recht interpretiert und nicht Politik gemacht.« Er habe als Jurist lediglich dargelegt, welche Verhörmethoden nicht gegen das Folterverbot verstießen und deshalb erlaubt seien. »Nicht ich, sondern die Politiker haben simuliertes Ertränken angeordnet.« Einen Augenblick lang herrscht Stille im Saal, dann ruft jemand: »Kriegsverbrecher!«. Einige applaudieren.

Doch es ist keine echte Anklagebank, auf der John Yoo, damals 41 Jahre alt und Jura-Professor an der renommierten Berkeley-Universität, sitzt. Die Aula der südkalifornischen Chapman-Universität wurde für diesen Tag extra in einen Gerichtssaal umgebaut. Auf den Stühlen der Ankläger und der Verteidi-

gung: ebenfalls hochmögende Rechtsprofessoren. 900 Zuschauer hocken dicht gedrängt, draußen demonstrieren Studenten in den orangefarbenen Drillich-Anzügen der Guantánamo-
Häftlinge: »Stellt Yoo vor ein Gericht!« Doch real kommt es
dazu nicht. Niemand, der die Folterung von Terrorverdächtigen
angeordnet, legitimiert oder durchgeführt hat, wird vor einem
amerikanischen Gericht angeklagt. Was sich in der Universitäts-
aula abspielt, ist ein Schauspiel. Kameras zeichnen jedes Wort
und jede Regung auf, die Welt kann es im Internet nachverfol-
gen. Yoo hat diese Veranstaltung als Gastdozent in Chapman
mitorganisiert. Er ist nicht der Einzige, der die Folter-Memoran-
den formuliert hat. Aber im Gegensatz zu seinen damaligen
Kollegen im Rechtsrat meidet Yoo die Öffentlichkeit nicht, er
sucht sie. Yoo verteidigt sich und Bushs »Krieg gegen den Terror«, er sagt, er habe nach Recht und Gesetz gehandelt.

Auf Anfrage des Weißen Hauses, des Auslandsgeheim-
dienstes CIA und des Verteidigungsministeriums teilte Yoo im
August 2002 und im März 2003 mit, von Folter könne man erst
sprechen, wenn der Schmerz den Grad »ernster physischer
Verletzungen« erreiche, »wie etwa bei einem Organversagen,
bei Körperschäden oder gar Tod«. Oder wenn das gewollte
psychische Leid »erheblich« sei und sehr lange andauere, »Monate oder sogar Jahre«. Yoo und seine Kollegen schreiben damals eine detaillierte Anweisung für ihrer Meinung nach erlaubte Quälereien. Sie reicht vom Schlagen mit flacher Hand
und gespreizten Fingern über tagelangen Schlafentzug bis
zum berüchtigten simulierten Ertränken. Doch damit nicht
genug: Selbst wenn diese Methoden im Sinne der Definition
Folter wären, so Yoo damals, dürfe der Präsident sie in Kriegs-
zeiten gleichwohl anordnen: »Gesetze, die den Präsidenten
daran hindern, all jene Informationen zu erhalten, die er für

notwendig erachtet, um die Vereinigten Staaten vor Angriffen zu schützen, sind verfassungswidrig.«

Das sehen Yoos Ankläger in der Aula der Chapman-Universität anders. Niemand stehe über dem Gesetz, sagen sie. Und selbstverständlich sei Waterboarding Folter – aus diesem Grund hätten US-Gerichte nach dem Zweiten Weltkrieg einige Japaner bestraft. Yoo habe diese Urteile in seinen Gutachten nicht gewürdigt und verletze damit juristische Prinzipien. Er sei ein Getriebener. »Ihre Nachfolger im Rechtsrat«, schleudern sie ihm entgegen, »haben deshalb Ihre Gutachten wieder kassiert! Und das waren alles noch Bush-Getreue.« Applaus.

Wer die harten Verhörmethoden geißele, erwidert Yoo, »wer sagt, das war es alles nicht wert«, der möge sich doch erinnern, »dass wir hier seit mehr als sieben Jahren keinen Anschlag mehr erlebt haben«. Heftiger Beifall, diesmal von der anderen Seite. Ob er seine Gutachten jemals bedauert habe? »Nein«, antwortet Yoo. Keine moralischen Bedenken? »Natürlich stellt sich auch die Frage nach der Moral«, sagt er, »aber erst, nachdem man die juristische Frage beantwortet hat.« Soll heißen: Die Politiker müssen entscheiden, ob sie die rechtlich erlaubte Folter tatsächlich anwenden wollen.

Die Terroranschläge vom 11. September 2001 bleiben auch nicht ohne Wirkung auf einige deutsche Rechtsprofessoren. Im Frühjahr 2003 versucht der renommierte Bonner Verfassungsrechtler Matthias Herdegen, im führenden Grundgesetzkommentar Maunz/Dürig die Unantastbarkeit der Menschenwürde zu relativieren, und unterscheidet, ohne dass er diese Begrifflichkeit nutzt, zwischen guter und schlechter Folter. Für ihn kommt es auf den Zweck an, gut wäre demnach in bestimmten Situationen die »Rettungsfolter«. Herdegen schreibt: Die Folter sei nicht schon als Instrument an sich eine

Verletzung der Menschenwürde, sondern erst in einer »finalen«, also auf ihren Zweck gerichteten Interpretation. Deshalb könnte sich »im Einzelfall ergeben, dass die Androhung oder Zufügung körperlichen Übels, die sonstige Überwindung willentlicher Steuerung oder die Ausforschung unwillkürlicher Vorgänge wegen der auf Lebensrettung gerichteten Finalität eben nicht den Würdeanspruch verletzt«.

Auf diese Interpretation des Grundgesetz-Kommentators stützen sich wenig später die Verteidiger von zwei Frankfurter Polizisten. Denn Herdegens juristische Winkelzüge platzen mitten in einen viel beachteten Folterprozess. Seit Januar 2003 ermittelt die Staatsanwaltschaft wegen des Verdachts auf Aussageerpressung gegen den Vizepräsidenten der Frankfurter Polizei Wolfgang Daschner und den ihm untergebenen Kriminalkommissar Ortwin Ennigkeit. Den beiden Polizisten war im Herbst 2002 der Jurastudent Magnus Gäfgen in die Fänge geraten. Er hatte einen Frankfurter Bankierssohn entführt, dies auch gestanden, sich aber hartnäckig geweigert, den Ort zu nennen, an dem er sein Opfer gefangen hielt. Daschner fürchtete um das Leben des entführten Kindes, es schien ein Wettlauf mit der Zeit. Darum wies er Ennigkeit an, den Entführer unter Druck zu setzen und ihm schwere Schmerzen anzudrohen. Gäfgen gab das Versteck schließlich Preis, doch das Opfer war zu diesem Zeitpunkt längst tot.

Im Prozess sagt Gäfgen später, er habe den Fundort nur wegen der massiven Folterdrohungen verraten. Kommissar Ennigkeit habe ihm gesagt: »Das Spiel ist vorbei.« Es sei bereits ein Spezialist unterwegs, der ihm unerträgliche Schmerzen zufügen werde, ohne dabei Spuren zu hinterlassen. Außerdem werde man ihn, Gäfgen, mit »zwei Negern« einsperren, die ihm sexuelle Gewalt antun würden. Die beiden Polizisten bestreiten diese Darstellung, doch der Foltervorwurf gegen sie bleibt bestehen. Denn in einem internen Aktenvermerk hat Daschner damals selber notiert, er habe »die Anwendung unmittelbaren Zwanges angeordnet«. Und in späteren Zeitungsinterviews gesteht er ein, dass er die Drohung wahrgemacht hätte – er beschreibt sogar, mit welchen Methoden: »Überdehnung eines Handgelenks« zum Beispiel oder Schmerzzufügung an besonders empfindlichen Stellen am Ohr. »Irgendwann«, sagt Daschner, »hätte er (Gäfgen) nicht mehr geschwiegen. Innerhalb sehr kurzer Zeit.«

Der Polizeivizepräsident und der Kommissar glauben sich im Recht. Daschner sagt, er habe es »als letzte Chance« gesehen, das Leben des Kindes zu retten. Auch die Mehrheit der Deutschen meint, die beiden Polizeibeamten sollten freigesprochen werden, denn in einer solchen Zwangslage müsse die »Rettungsfolter« erlaubt sein – erst recht, wenn sie nur angedroht und nicht exekutiert werde.

Das Frankfurter Landgericht ist zum Glück anderer Meinung und folgt dem Gesetz, das bei Folter keine Ausnahme zulässt. Daschner und Ennigkeit werden schuldig gesprochen, doch die damit verbundene »Strafe« bleibt mit Rücksicht auf die schwierige Situation und die Motive der Polizeibeamten von eher symbolischer Natur.

Immerhin: Folter, so die Frankfurter Richter in unmissverständlicher Klarheit, sei eine Verletzung des »fundamentalsten Menschenrechts« überhaupt. Zu diesem Schluss kam auch der Europäische Menschenrechtsgerichtshof, der den Schuldspruch als zu nachsichtig kritisierte und als nicht abschreckend genug, um in Zukunft weitere Verletzungen dieses Kern-Menschenrechts in schwierigen Situationen zu verhindern.

Selbst Ernst Albrecht (s. S. 56) hatte 1976 geschrieben, dass ein möglicherweise »sittliches Gebot« zur Zwangsanwendung in bestimmten Ausnahmefällen nicht das »absolut positivrechtliche Verbot der Folter« aufhebe. Und anders als der amerikanische Juraprofessor John Yoo zeigte Matthias Herdegen Reue und korrigierte sich. Es gebe für die sogenannte Rettungsfolter »keine befriedigende Lösung«, schrieb er zwei Jahre später. Denn eine »Relativierung des Folterverbots« ließe »von einem völlig abwägungsfreien ›Würdekern‹ wenig übrig« – noch besser hätte er geschrieben: »nichts übrig«.

Coronel Villaseñor und der Zaun von Melilla

Das Menschenrecht auf Asyl gewährt Flüchtlingen einen Anspruch auf ein faires Prüfverfahren – und im Falle einer positiven Entscheidung auch auf Schutz. 2012 urteilte der Europäische Menschenrechtsgerichtshof auf die Klage einiger afrikanischer Flüchtlinge gegen Italien, dass dieses Recht nicht an den Außengrenzen eines europäischen Staates ende, sondern ebenso auf hoher See Geltung habe.

Drei Jahre später wandten sich wiederum zwei afrikanische Flüchtlinge aus Mali und der Elfenküste an die Straßburger Richter, weil ihnen Spanien selbst am Grenzzaun dieses Recht verweigerte. Die zwei Afrikaner hatten gemeinsam mit 70 weiteren Flüchtlingen im August 2014 versucht, den stacheldrahtbewehrten Zaun von Melilla zu überwinden, der hier Afrika von der Europäischen Union trennt. Die spanische Stadt Melilla ist ein historisches Kuriosum: Obwohl auf marokkanischem Boden gelegen, gehört sie – wie auch der 300 Kilometer weit entfernte Ort Ceuta – seit einem halben Jahrtausend zu Spanien. Wer es hierher schafft, steht in der EU.

Kaum hatten die Flüchtlinge die drei Zäune erklommen, wurden sie von der spanischen und marokkanischen Polizei gemeinsam heruntergezerrt und durch kleine Türen im Gitter zurück auf marokkanisches Gebiet begleitet, keiner von ihnen durfte einen Asylantrag stellen. Das ist eklatant rechtswidrig. Denn nach internationaler Rechtsauffassung stehen die Zäune von Melilla auf spanischem Territorium. Doch die Regierung in Madrid widerspricht dem mit einer sehr eigenwilligen Interpretation des Grenzverlaufs. Sie bestreitet nicht, dass die Zäune sich in Spanien befinden, behauptet aber zugleich, spanisches Hoheitsgebiet erreiche ein Flüchtling erst, wenn er auch die am Zaun Wache schiebenden spanischen Polizisten hinter sich gelassen habe. Die Beamten der Guardia Civil seien sozusagen die letzte imaginäre Grenzlinie. Kurzum: Die Flüchtlinge seien mit dem Erreichen des Zauns zwar faktisch, aber nicht rechtlich in Spanien. Menschenrechtsverbände geißeln diese »Kaugummigrenze« zu Recht als einen Willkürakt. Doch was den beiden Afrikanern aus Mali und der Elfenbeinküste widerfuhr, ist kein Einzelfall, sondern geschieht häufig. Amnesty nennt das »heiße Abschiebungen«.

»Heiß« abgeschoben wurden Flüchtlinge auch, als ich im Spätherbst 2015 Melilla besuchte. Ende November traf ich den örtlichen Chef der Guardia Civil, Coronel Ambrosio Villaseñor. Er rühmte die technischen Raffinessen des Grenzzauns und lobte Marokkos Polizei über den grünen Klee, weil ohne ihre tatkräftige Hilfe das spanische Bollwerk nur halb so viele Flüchtlinge aufhalten würde. Schon tags darauf konnte der Herr über 600 paramilitärische Grenzpolizisten demonstrieren, was seiner Meinung nach die gesamte EU an ihren Außengrenzen nachahmen sollte.

Am Morgen des 21. November rennen etwa hundert junge

Afrikaner von Marokko aus auf den Zaun zu. Drei eng hintereinander liegende Gitter müssen sie überwinden. Doch noch bevor sie das erste erreichen, versperren ihnen ein paar Dutzend Schlagstock schwingende Polizisten der marokkanischen Forces Auxiliaires den Weg. Für etwa die Hälfte der Flüchtlinge ist hier die Flucht bereits zu Ende, die anderen rennen weiter. Es ist jedes Mal ein Wettlauf gegen die Zeit, denn nur die Kräftigsten schaffen es in einer Minute hinüber nach Spanien. Dann spätestens ist auf der anderen Seite Coronel Villaseñors Guardia Civil aufmarschiert.

Es ist ein ausgeklügeltes Sicherheitssystem. Der äußere und der innere Zaun sind sechs Meter, der mittlere ist drei Meter hoch. Der erste neigt sich leicht nach vorne und ist besonders schwer zu erklimmen. Zwischen ihm und dem mittleren steckt ein dreidimensionales Drahtgeflecht. Wer da hineingerät, verfängt sich mit seinen Armen und Beinen. An einigen Stellen liegt messerscharfer Natodraht, an dem sich immer wieder Flüchtlinge verletzen, manche sogar lebensgefährlich. Über den ersten und den dritten Zaun haben die Spanier zusätzlich ein engmaschiges Stahlnetz gespannt. Die Löcher sind so klein, dass keine Finger hineinpassen. Wer hochklettern will, muss sich Haken ums Handgelenk binden und Schrauben in die Schuhsolen drehen. Kameras und Bewegungsmelder schlagen sofort Alarm. Ein heißer Draht verbindet die marokkanische mit der spanischen Polizei.

An diesem 21. November schaffen es gerade einmal fünf Flüchtlinge hinüber, vier von ihnen nur, weil sie sich verletzt haben und vom spanischen Roten Kreuz ins Krankenhaus gebracht werden. Alle anderen bleiben im Zaun hängen und werden von spanischen wie marokkanischen Polizisten zurück auf die afrikanische Seite eskortiert. Dort warten bereits Busse, die sie an einen unbekannten Ort bringen. *Por favor*, bitte, bitte, rufen sie immer wieder und zeigen auf ein nur wenige hundert Meter entferntes Haus hinterm Zaun. Es ist eine Notunterkunft für Menschen, denen die Flucht nach Melilla gelungen ist. Doch die Polizisten der Guardia Civil schütteln den Kopf, der Weg über den Zaun sei illegal, rufen sie zurück.

»Heiße Abschiebungen? Alles Lüge.« Guardia Civil-Chef Villaseñor weist die Kritik empört zurück. Spanien halte alle humanitären Pflichten penibel ein. Wer Asyl wünsche, müsse nicht über Gitter klettern, sondern könne ganz normal am nur ein paar Kilometer entfernten offiziellen Grenzübergang Beni Enzar einen Antrag stellen. »Die Syrer tun es schließlich auch.« Die Afrikaner seien gar nicht politisch verfolgt, sondern Wirtschaftsflüchtlinge. »Deshalb kommen sie nicht zum Checkpoint, sondern versuchen es über den Zaun.«

Amnesty und das Flüchtlingshilfswerk der Vereinten Nationen UNHCR halten dagegen. Anders als die Syrer, sagen sie, hätten Afrikaner keine Chance, bis zum offiziellen Grenzposten vorzudringen und um Asyl zu bitten. Gemäß den Wünschen aus Madrid würden die marokkanischen Forces Auxiliaires Flüchtlinge mit schwarzer Hautfarbe schon vorher abfangen. Die Zahlen bestätigen diesen Verdacht: Zwischen Ende 2014 und Ende 2015 stellten etwa 8000 Syrer, Iraker und Palästinenser am Übergang Beni Enzar einen Asylantrag, aber kein einziger »Subsaharianer«, wie man hier Afrikaner nennt, die aus Ländern südlich der Sahara stammen und schwarz sind.

Die Menschenrechtsorganisation Prodeín aus Melilla spricht von »Apartheidspolitik« und einem »schmutzigen Deal« zwischen Spanien und Marokko. Die Regierung in Madrid, sagt José Palazón, der Chef der Organisation, drücke bewusst beide Augen zu, jedenfalls solange Marokko ihr die afrikanischen

Flüchtlinge vom Leib halte und auch nur so viele Syrer und Iraker vorlasse, wie die spanischen Asylbeamten bewältigen könnten, maximal 40 am Tag. »Die machen für uns die Drecksarbeit«, sagt Palazón.

Das sagen auch Hassan S. und Jacques M., der eine ist Syrer, der andere kommt aus Mali. Ich treffe sie im November 2015 unabhängig voneinander vor der Flüchtlingsunterkunft CETI in Melilla. Ihren vollen Namen wollen sie nicht nennen, aus Angst vor Repressalien.

Hassan S. ist einer jener 8000 Asylbewerber aus dem Mittleren Osten, die es auf dem ordnungsgemäßen Weg nach Melilla geschafft haben. Ende 2012 floh der schmächtige Lkw-Fahrer mit seiner Frau und seinen zwei Kindern vor den Truppen des Islamischen Staats aus der syrischen Stadt Raqqa. Sie irrten anderthalb Jahre erst durch die Türkei, dann durch Algerien, bis ihnen Verwandte erzählten, dass der Zaun von Melilla für Syrer und Iraker durchlässig geworden sei.

Der UNHCR hatte Spanien Druck gemacht. Im Dezember 2014 wurde erstmals am Grenzübergang Beni Enzar ein sogenannter »Asylpunkt« in Betrieb genommen. Das ist im Vergleich zu vorher unbestritten ein großer Fortschritt. Dies ist der eine, der erfreuliche Teil der Geschichte. Der andere, der unmenschliche, spielt auf der marokkanischen Seite des Zauns: Drei Anläufe benötigt Hassan S., um Melilla zu erreichen. Mal versperren ihm marokkanische Polizisten grundlos den Weg, mal hat er nicht genug Bestechungsgeld dabei. Beim dritten Versuch nehmen ihm die Beamten der Forces Auxiliaires seine Kinder weg und geben sie erst frei, als er 2000 Euro auf den Tisch legt. »Die Spanier sind gut, die Marokkaner schlecht«, sagt Hassan S.

Was er nicht weiß: Die »guten« Spanier schauen nicht nur

weg, sie greifen für die Türsteher-Dienste des afrikanischen Nachbarn tief in die Tasche. Und auch die Europäische Union lässt sich nicht lumpen. Amnesty schreibt in seinem Bericht vom November 2015, Brüssel habe der Regierung in Rabat fürs »Grenzmanagement« zwischen 2003 und 2010 ein Darlehen von knapp 68 Millionen Euro gewährt. Außerdem hat die EU mit Marokko ein Assoziierungsabkommen geschlossen und verhandelt seit einigen Jahren einen umfassenden Freihandelsvertrag. Als Dank setzte Marokko kürzlich vor die drei spanischen Gitter noch einen eigenen mit Stacheldraht bewehrten Zaun und zog einen tiefen Graben. Das Beispiel Marokko macht Schule. Geld gegen Flüchtlingsabwehr – einen solchen fragwürdigen Deal hat die EU im Frühjahr 2016 bereits mit der Türkei vereinbart. Und am liebsten würde sie derartige Abkommen auch mit anderen Staaten schließen, von denen aus Flüchtlinge nach Europa übersetzen, zum Beispiel mit Libyen.

Wie Hassan S. floh auch Jacques M. aus Mali vor mordenden Islamisten aus seiner Heimat. Bloß ist Hassan weiß und Jacques schwarz, und die Hautfarbe entscheidet darüber, ob ein Flüchtling legal oder nur illegal nach Melilla gelangt. Jacques M. ist eine rare Erscheinung im Flüchtlingslager, einer von gerade einmal 90 Schwarzen unter insgesamt 2000 Flüchtlingen. Vor nicht langer Zeit war es genau anders herum. Die Notunterkunft wurde eigens für Afrikaner eingerichtet, denn für sie waren die spanischen Städte Melilla und Ceuta das Tor nach Europa.

Jacques M. will nicht verraten, wie er es in die EU geschafft hat. Dabei gibt es für schwarze Flüchtlinge nur zwei Wege: Entweder verstecken sie sich in einem der 5000 Autos, die jeden Tag die einzige Landgrenze zwischen Afrika und Europa überqueren und nicht alle kontrolliert werden können. Oder sie »springen« über den Zaun.

Der Mann aus Mali erzählte, dass er ganz offiziell zum Asylposten in Beni Enzar gehen wollte. Doch schon weit vorher hätten ihn marokkanische Polizisten aus der Masse der Grenzüberquerer herausgefischt. »Neger erkennen wir auch bei Nacht«, hätten sie gelacht und ihn grün und blau geschlagen. Sein gesamtes Bargeld und selbst die goldene Halskette musste er abgeben.

Auch Guardia Civil-Chef Villaseñor hat von solchen Vorfällen gehört. Doch er zuckt mit den Schultern, als sei Spanien ein hilfloser Zuschauer: »Wir können es nicht ändern, Marokko ist ein souveräner Staat«, sagt er und fügt sofort hinzu: Doch niemand solle vergessen, »ohne die Hilfe des Nachbarn wären Spanien und Europa verloren und von afrikanischen Flüchtlingen überrollt«. Zum Beweis zeigt er Videoaufnahmen von Flüchtlingen, die in den vergangenen Jahren zu Hunderten, teilweise in militärischer Formation, auf den Zaun losstürmten. »Hart, aber notwendig«, nennt der Coronel das spanische Bollwerk. Dann zieht er einen Zettel mit Zahlen aus der Schublade: Zehntausende von Afrikanern versuchen Jahr für Jahr, über den Zaun zu klettern. 2014 gelang dies noch 2000 Menschen, 2015 nicht einmal mehr 200. Kein einziger Afrikaner meldete sich am neuen Asylposten. »Null« steht auf Villaseñors Zahlenzettel.

Jaroslaw Kaczynski und der Rechtsstaat

Im Januar 2016 stellte die Europäische Kommission erstmals in ihrer Geschichte ein Mitglied der EU unter »rechtliche Beobachtung«, wie es so schön heißt. Denn Polens neue Regierung verstößt massiv gegen die Menschenrechte und gegen die Gebote der Demokratie und Rechtsstaatlichkeit. 2014 wurde dieser »Rechtsstaats-Mechanismus« eingeführt, ursprünglich um Ungarns rechtspopulistischer Regierung auf die Finger zu schauen. Doch wurde er dort bislang nicht angewandt.

Polen ist ein großer Sorgenfall. Bereits der Auftritt der neuen Ministerpräsidentin auf ihrer ersten Pressekonferenz im Spätherbst 2015 ließ Unheil ahnen. Hinter ihr ein weiß-rotes Meer aus polnischen Nationalflaggen, aber kein einziger blauer Farbtupfer mehr. Beate Szydlo hatte die blauen und mit einem Kranz aus zwölf Sternen bestückten Fahnen der EU einholen lassen.

Schon in der Wahlnacht hatte der inzwischen mächtigste Mann Polens, Jaroslaw Kaczynski, Chef der siegreichen nationalkonservativen Partei »Recht und Gerechtigkeit« (PiS), eine europäische Zeitenwende verkündet. Wenig später begründete seine Parteifreundin Szydlo den Fahnenwechsel bei ihren Pressekonferenzen damit, dass es hier fortan um polnische Themen gehe, und diese würden »vor dem Hintergrund der schönsten weiß-roten Fahnen« verhandelt. Soll heißen: In Polen wird nach der nationalen Pfeife getanzt, die EU und ihr Wertekanon sind nicht mehr so wichtig.

Keine andere EU-Regierung, nicht einmal die ungarische, hat derart dreist und geradezu handstreichartig fundamentale Freiheitsrechte ausgehebelt. Sofort nach dem Wahlsieg entließ Polens neue Regierung alle vier Geheimdienstchefs und ersetzte sie durch enge Vertraute Kaczynskis. Dann machte sich die mit absoluter Mehrheit herrschende PiS daran, das ihr verhasste Verfassungsgericht zu entmachten, jene Institution, die ein Gesetz kippen und die Regierung ausbremsen kann. Zuerst wurde die Berufung von fünf Verfassungsrichtern für ungültig erklärt, die noch die alte Regierung ernannt hatte. Dann legte man mit einem weiteren Gesetz die Arbeit des Obersten Gerichts lahm. Statt bisher fünf müssen nun 13 der 15 Richter zusammensitzen, um ein Urteil zu fällen. Und dieses muss mit einer Zweidrittelmehrheit ergehen, zuvor reichte die einfache Mehrheit. Darüber hinaus wurde das Gericht verpflichtet, alle Fälle künftig nach Eingangsdatum abzuarbeiten und nicht mehr nach Wichtigkeit. Das heißt, die Richter müssen sich dem Berg von Altfällen widmen und werden kaum noch neue Beschwerden annehmen können.

> 2015 wurde die Meinungs- und Pressefreiheit in mindestens 113 Ländern willkürlich eingeschränkt.
> *Amnesty International Report 2015/2016*

Blitzschnell stellte die neue Regierung auch staatliche Theater und Rundfunkanstalten unter Kuratel. Die Theaterintendanten müssen dem Kulturministerium ihre Aufführungen zur Begutachtung vorlegen. Dank eines neuen Mediengesetzes entlässt und beruft die Regierung die Chefs im öffentlichen Rundfunk. Sie hat der Polizei weitreichende, unkontrollierte Überwachungsrechte verschafft und die Ämter von Justizminister und Generalstaatsanwalt zusammengelegt. Das verstößt gegen die *Europäische Menschenrechtskonvention* und Artikel 2 des EU-Vertrags, der die Menschenrechte, die Demokratie und den Rechtsstaat als fundamentale Werte der Europäischen Union festschreibt. Artikel 10 EMRK garantiert die Meinungs- und Pressefreiheit, Artikel 3 das Asylrecht und Artikel 6, 7 und 13 die Gewaltenteilung und das Recht auf ein faires Verfahren. Im Juni 2016 legte der Kommissar des Europarats für Menschenrechte, der Lette Nils Muiznieks, einen kritischen Bericht über die Lage in Polen vor. Darin heißt es, die

»weitreichenden Veränderungen gefährden die Menschenrechte und die Herrschaft des Rechts«.

Was diese Rechtsverletzungen so gefährlich macht: Die Regierenden in Ungarn wie in Polen rechtfertigen den autoritären Staatsumbau mit dem Wählervotum und der Parlamentsmehrheit. Sie stellen den angeblichen Volkswillen über das Recht. Der Kaczynski-Vertraute und Außenminister Witold Waszcykowski begründete die neue Politik so: Polen sei in einem Zustand liberaler Verwirrung gewesen und müsse endlich zu seinen eigenen Traditionen und Werten zurückfinden. »Wir wollen lediglich unseren Staat von einigen Krankheiten heilen, damit er wieder genesen kann.«

Was tun, wenn eine Regierung die Menschenrechte verletzt?

Wenn einzelne Menschen gegen Gesetze verstoßen, werden sie in der Regel bestraft. Wenn Regierungen oder Staaten dies tun, kommt es darauf an – und zwar auf die Schwere des Verstoßes und darauf, wie einflussreich und mächtig der Rechtsbrecher ist.

Der Sicherheitsrat der Vereinten Nationen hat das Recht, Strafmaßnahmen gegen einen Staat zu beschließen, und hat dies auch schon einige Male getan. Zum Beispiel im zweiten Golfkrieg gegen den Irak, als Saddam Hussein Kuweit besetzen ließ. Oder gegen den nach einer Atombombe strebenden Iran. Allerdings scheitern derartige Sanktionen meist am Veto Russlands, Chinas oder der Vereinigten Staaten.

Der Internationale Strafgerichtshof (ICC) in Den Haag sitzt zwar nicht über Staaten, sondern nur über Einzelpersonen zu

Gericht, aber immerhin kann er Regierungsmitglieder zur Verantwortung ziehen. Allerdings nur für schwerste Menschenrechtsverbrechen, und auch nur dann, wenn der Täter Staatsangehöriger eines ICC-Vertragsstaats ist oder die Tat auf dem Gebiet eines Vertragsstaats begangen wurde. Oder wenn unabhängig davon der UN-Sicherheitsrat das Haager Gericht eigens mit einer Strafverfolgung beauftragt.

Die Erfahrung jedoch lehrt: Je wichtiger, je reicher, je einflussreicher und mächtiger ein Staat, desto eher bleiben er und seine Regierungsmitglieder von Sanktionen verschont.

Realpolitiker zum Beispiel rechtfertigen das Messen mit zweierlei Maß mit dem nicht immer völlig falschen Argument, dass die Welt nun einmal ungerecht sei und es unterschiedliche Interessen auszubalancieren gelte. Eine Einmischung in die inneren Angelegenheiten eines anderen Staates, sagen sie, dürfe nie die friedliche Koexistenz gefährden. Menschenrechtsaktivisten hätten es da viel leichter als Regierungen, denn sie bräuchten keine Rücksicht zu nehmen und könnten kompromisslos einen moralischen Rigorismus verfechten. Auch kämen sie nie in die Zwangslage, Prinzipien Machtfragen und Rechte Zweckdenken unterordnen zu müssen.

Vertreter der realpolitischen Schule empfinden es außerdem als störend fürs diplomatische Pendelgeschäft, Menschenrechte öffentlich anzuprangern. Sie plädieren für eine Arbeitsteilung: Menschenrechtler sollten sich um Menschenrechte kümmern, Politiker dagegen um einen möglichst reibungslosen Verlauf der internationalen Beziehungen. Einige verweisen auch darauf, dass zu viel Moral der Außenpolitik noch nie gutgetan habe, und behaupten, es sei weit effektiver, bei einer Staatsvisite Menschenrechtsverletzungen vertraulich zu erörtern, anstatt sie an die große Glocke zu hängen.

Doch häufig sind das nur billige Ausflüchte, weil man sich die guten Geschäfte nicht verderben will. Stille Diplomatie ist oft nichts anderes als schweigende Diplomatie. Hillary Clinton, im Februar 2009 als neue Außenministerin der Obama-Regierung zu Besuch in China, antwortete auf die Frage, warum sie zu den schlimmen Menschenrechtsverletzungen im Reich der Mitte schweige: »Unser Insistieren auf diesen Dingen darf keine Lösungen zur Beilegung globaler Konflikte wie der Weltwirtschaftskrise, der Klimakrise und der Sicherheitskrise behindern.«

Wie peinlich der Kotau einer um Wirtschaftsaufträge buhlenden Demokratie sein kann, demonstrierte Großbritannien im Oktober 2015. Chinas Präsident Xi Jiping wurde in der königlichen Kutsche chauffiert und durfte sogar als Gast der Queen im Buckingham Palace nächtigen. Ganz London wurde in die rote Farbe der chinesischen Nationalfahne getaucht, selbst Kate Middleton, die Herzogin von Cambridge, trug zum Staatsbankett ein feuerrotes Kleid.

Immerhin verfügt die EU über einen – wenn auch eher zahmen – Strafmechanismus, falls eines ihrer Mitglieder gegen die in der EU-Charta verbrieften Freiheitsrechte verstößt. Als sich 2016 der FPÖ-Kandidat Norbert Hofer aufmachte, Präsident von Österreich zu werden, erinnerte sich so mancher an das Jahr 2000. Damals beschloss die konservative Volkspartei in Wien ein Regierungsbündnis mit der rechtspopulistischen Freiheitlichen Partei. Die EU war alarmiert, galten die FPÖ und ihr damaliger Chef Jörg Haider doch wegen ihrer ausländer- und europafeindlichen Polemik als untragbar. Haider selber hatte sich einen »Fuchs im europäischen Hühnerstall« genannt.

Doch die damaligen EU-Staaten konnten sich nicht auf eine

gemeinsame Strategie einigen. Darum preschten 14 Regierungen vor – und zwar noch bevor Österreichs ungeliebte neue Koalition irgendetwas Anstößiges oder gar Verbotenes tun konnte. Präventiv setzten die Vierzehn, darunter auch Deutschland, eine Reihe von (allerdings wenig schmerzlichen) Sanktionen in Gang: Bilaterale Kontakte mit Wien wurden weitgehend nur noch auf unterer Ebene geführt; österreichischen Kandidaten, die ein Amt in einer internationalen Organisation anstrebten, verweigerte man die Unterstützung. Außerdem baten die Vierzehn einen ehemaligen finnischen Präsidenten, einen Ex-Außenminister Spaniens und einen deutschen Rechtsprofessor zu prüfen, ob Österreichs neue Regierung gegen »die gemeinsamen europäischen Werte« verstoße. Die drei kamen zu dem Schluss, dass alles in bester Ordnung sei. Die Sanktionen wurden sang- und klanglos eingestellt.

Im Vergleich zu Österreich sind Polen und Ungarn wirklich schwere Fälle. Und inzwischen verfügt die Europäische Union über ein ausgefeiltes System abgestufter Einflussnahme auf Rechtsbrecher. Zunächst, sozusagen als Frühwarnung, kann die Kommission – wie sie es im Fall Polen bereits getan hat – ein Verfahren zum Schutz der Rechtsstaatlichkeit einleiten. Es beginnt mit Konsultationen und Beratungen, hat mehrere Zwischenstufen und kann, wenn alles nichts hilft, zu einer Klage wegen Vertragsverletzung vor dem Europäischen Gerichtshof führen. Oder zu einem Verfahren nach Artikel 7 des EU-Vertrags, das mit dem Entzug des Stimmrechts enden kann. Was im europäischen Strafkatalog allerdings fehlt, ist die schärfste Sanktion, die *ultima ratio*: der Verlust der EU-Mitgliedschaft. Will die Europäische Union einen Raum der Freiheit, der Sicherheit und des Rechts bleiben, muss sie einen unbelehrbaren Rechtsbrecher ausschließen können.

Wenn die Wirtschaft
gegen Menschenrechte verstößt

Wenn indische Bauern über Nacht und ohne Entschädigung von ihrem Land vertrieben werden, weil sich dort ein Minenkonzern breitmacht, ist das eine schwere Menschenrechtsverletzung. Ebenso wenn eine afghanische Teppichknüpferei Kinder beschäftigt, eine Silbermine in Bolivien Hungerlöhne zahlt, eine Ölfirma in Nigeria die Umwelt verseucht oder eine Textilfabrik in Bangladesch keine Arbeits- und Brandschutzbestimmungen einhält.

Wie diese Beispiele zeigen, werden auch die sozialen Menschenrechte verletzt, hier geschehen überhaupt einige der schlimmsten Verbrechen. Verantwortlich sind dafür in der Regel lokale Betriebe, aber hinter ihnen verbergen sich oft westliche Konzerne, nationale wie multinationale. Sie fungieren als Mutterunternehmen oder als Finanzier, als Abnehmer oder Zulieferer. Diese Konzerne im Hintergrund haben ihren Sitz oft in demokratischen Staaten und profitieren davon, dass Arbeit anderswo billiger und weniger geschützt ist, dass die Umwelt-, Steuer- und Sicherheitsgesetze dort laxer sind.

Diese Konzerne für Menschenrechtsverstöße in einem weit entfernten Winkel der Welt zur Verantwortung zu ziehen, ist praktisch wie rechtlich schwierig. Zunächst gibt es ein systematisches Problem, denn anders als Staaten und ihre Organe sind private Unternehmen nicht unmittelbar an die Menschenrechte gebunden. Die Nürnberger Kriegsverbrecherprozesse nach dem Zweiten Weltkrieg gelten zwar als die Geburtsstunde individueller rechtlicher Verantwortung für Menschenrechtsverbrechen; erstmals wurden dort auch einzelne Unternehmer für Kriegsverbrechen der Nazi-Diktatur mit zur Verantwortung gezogen. Aber es blieben Ausnahmen. Bis heute hat sich daraus kein allgemeiner Rechtsgrundsatz entwickelt. Und es gibt auch nur wenige internationale Anstrengungen, Wirtschaftskonzerne zur Einhaltung der allgemeinen Menschenrechte zu verpflichten, obwohl diese immer wieder schwere Schuld auf sich laden.

Der ehemalige UN-Sonderbeauftragte für Menschenrechte und transnationale Unternehmen John Ruggie hat zum Beispiel versucht, internationale Leitlinien zu entwickeln und das Verhalten der Wirtschaft unter dem Dach der Vereinten Nationen zu regulieren. Nach seinen Vorstellungen hätten Konzerne zwar nicht dieselben rechtlichen Pflichen wie ein Staat. Aber sie müssten die Menschenrechte achten und dürften diesen Rechten mit ihren Aktivitäten keinen Schaden zufügen. Ruggies Credo: Verantwortung für Menschenrechte bedeute, die jeweiligen nationalen Gesetze zu respektieren und darüber hinaus eine Art Risikomanagement zu betreiben, um Menschenrechtsverletzungen zu vermeiden.

Herausgekommen sind 2011 allerdings nur unverbindliche »UN-Leitprinzipien für Wirtschaft und Menschenrechte«. Sie appellieren an das Gewissen und an die Verantwortung der Unternehmen und rufen dazu auf, eine Möglichkeit für »gerichtliche und außergerichtliche Abhilfe gegen Menschenrechtsverletzungen« zu schaffen. Staaten sollen ihr Rechtssystem überprüfen und reformieren. In Deutschland zum Beispiel geschieht dies seit Anfang 2015 mithilfe eines Aktionsplans, an dem auch Vertreter der Zivilgesellschaft und der Wirtschaft beteiligt sind.

Ausländische Unternehmen haftbar zu machen, stößt auf ein zweites kompliziertes Problem: Natürlich sind die Firmen verpflichtet, dort, wo sie selber tätig sind, die Gesetze einzuhalten. Doch die Schwierigkeit beginnt bereits damit festzustellen, wer für die Rechtsverletzung verantwortlich ist: der Hauptkonzern mit Sitz in London? Oder das am Tatort Nigeria aktive, aber rechtlich selbstständige Tochterunternehmen? Und wer muss haften, wenn die Verletzung von Menschenrechten vor allem auf das Konto eines lokalen Zulieferers in Karatschi und nicht des deutschen Großabnehmers in Nordrhein-Westfalen geht? Können die Versäumnisse einer asiatischen Fabrik einem deutschen Partner angelastet werden? Und wenn ja, wann?

Schließlich: Trägt ein deutsches Unternehmen Schuld, wenn indische Umweltgesetze die Arbeiter eines Chemiewerks nur unzureichend vor giftigen Abgasen schützen? Oder wenn in Myanmar, China oder Pakistan nur lückenhafte Arbeitsschutzgesetze existieren? Welche Sorgfaltspflichten können einem westlichen Konzern für Fehler anderswo aufgebürdet werden?

Gerade in globalen Wirtschaftskreisläufen fällt es höllisch schwer, klare rechtliche Verantwortlichkeiten zu definieren und im Konfliktfall festzustellen. Teils liegt das in der komplizierten Natur dieser weltumspannenden Geschäfte, teils ist diese Undurchsichtigkeit aber auch durchaus erwünscht. Experten nennen das »Verantwortungsdiffusion«.

Gleichwohl ist auch hier in den vergangenen Jahrzehnten einiges in Bewegung geraten. Von rechtshistorischer Bedeutung ist vor allem ein noch bis vor Kurzem häufiger angewandtes US-Gesetz, der Alien Tort Claims Act von 1789. Danach durften Opfer vor einem amerikanischen Zivilgericht selbst dann Schadensersatzansprüche geltend machen, wenn weder sie noch der Beklagte amerikanische Staatsbürger waren und die Taten auch nicht auf amerikanischem Boden begangen wurden. Der Beklagte musste nur in Amerika Geschäfte machen. So verklagten die argentinischen Hinterbliebenen gefolterter Gewerkschafter die deutsche Daimler AG, die in Kalifornien Autos verkauft, vor einem kalifornischen Gericht auf Schadensersatz. Der Vorwurf: Mitarbeiter der Mercedes-Benz-Niederlassung in Buenos Aires hätten während der argentinischen Militärdiktatur in den 1970er Jahren Gewerkschafter an den Geheimdienst verraten. Die Funktionäre seien schwer misshandelt und einige von ihnen, weil sie nie wieder auftauchten, wahrscheinlich auch ermordet worden.

Allerdings war dieser wie vielen anderen Klagen am Ende kein Erfolg beschieden. Die Prozesse dauerten ewig und verschlangen viel Geld. Außerdem hat das Oberste Gericht der USA den Alien Tort Claims Act inzwischen stark eingeschränkt. Dennoch setzten diese Verfahren ein wichtiges Zeichen: Unternehmen bekommen keinen Freifahrtschein, sondern können wegen Menschenrechtsverletzungen gerichtlich belangt werden!

Dazu zählt auch ein Musterprozess vor dem Dortmunder Landgericht. Er wird mit Unterstützung des renommierten Berliner European Center for Constitutional and Human Rights (ECCHR) geführt. Vier pakistanische Staatsbürger haben den deutschen Textildiscounter Kik aus der westfälischen

Stadt Bönen auf Schadenersatz in Höhe von jeweils 30 000 Euro verklagt. Drei von ihnen sind Angehörige von Todesopfern, der vierte war selbst schwer verletzt worden:

Am 11. September 2012 brannte in der pakistanischen Stadt Karatschi die Textilfabrik Ali Enterprises ab. Die Fenster waren vergittert, die Notausgänge, bis auf einen, versperrt. 260 Menschen kamen in den Flammen ums Leben, viele weitere trugen Verbrennungen davon. Es war der bis dahin schwerste Industrieunfall in der Geschichte Pakistans. Nun muss das Dortmunder Gericht klären: Welche Verantwortung trifft den Großabnehmer Kik für die lebensgefährlichen Arbeitsbedingungen im pakistanischen Zuliefererbetrieb? – Keine, sagen die Rechtsanwälte des deutschen Unternehmens. »Es bleibt dabei«, heißt es in ihrer Klageerwiderung, »dass es der jeweilige nationale Gesetzgeber ist, der die rechtliche Grundlage für soziale Mindeststandards wie Mindestlöhne, Arbeitszeiten, Brandbekämpfungsmittel vorgibt und auch für deren Durchsetzung Sorge zu tragen hat.« Diese Staatsaufgabe könne ein privates Unternehmen nicht übernehmen.

Die Kläger und ihre Rechtsbeistände jedoch halten Kik nicht nur moralisch, sondern auch juristisch für schuldig. Sie argumentieren: Da ein deutsches Unternehmen für die Sicherheit seiner hiesigen Arbeitnehmer verantwortlich sei, müsse dies unter bestimmten Bedingungen auch für die Beschäftigten eines Zuliefererbetriebs gelten. Ali Enterprise habe zu über 70 Prozent und damit fast ausschließlich für Kik produziert, deshalb habe das Unternehmen eine besondere Sorgfaltspflicht für den pakistanischen Betrieb gehabt. Doch deutsche Firmenvertreter hätten es bei ihren Besuchen in Karatschi versäumt, sich ein Bild von den mangelhaften Sicherheitsstandards zu machen. Wären sie ihrer Sorgfaltspflicht nachgekommen, hätten sie bemerkt, dass die Fenster vergittert und die Notausgänge verschlossen waren oder ins Nichts führten, weil hinter der Tür die Treppe fehlte.

Natürlich lassen derartige Katastrophen viele Firmen nicht kalt. Doch fühlen sie sich wie Kik allenfalls moralisch, aber nicht rechtlich schuldig. Darum versuchen sie, mögliche Schadensersatzforderungen durch freiwillige Zahlungen zuvorzukommen. Auch Kik überwies den Opfern und deren Angehörigen fast eine Million Euro (Stand Anfang 2016). Doch diese Summe reicht nicht. Um die Verdienstausfälle der gestorbenen oder schwer verletzten Hauptverdiener zu kompensieren, seien etwa acht Millionen Dollar nötig, sagt Miriam Saage-Maaß vom ECCHR. »Die Opfer wollen und brauchen Gerechtigkeit.«

Mit dem Prozess in Dortmund wird rechtliches Neuland betreten. Weil dem Ausgang eine hohe Signalwirkung zukommt, wird das Verfahren mit Sicherheit bis zur letzten Instanz geführt werden. Mit einem endgültigen Urteil ist darum erst in vielen Jahren zu rechnen. Doch schon jetzt entfaltet der Prozess Wirkung. Deutsche Unternehmen würden im Ausland vorsichtiger und umsichtiger werden, sagt die Juristin Saage-Maaß, die mehrmals in Pakistan war, um die Unfallopfer zu beraten und zu einer Klage zu ermutigen. Von einer »höheren Sensibilität« spricht auch Markus Löning. Der ehemalige Beauftragte der Bundesregierung für Menschenrechtspolitik und Humanitäre Hilfe im Auswärtigen Amt hat das Berliner Unternehmen »Human Rights & Responsible Business« gegründet. Während das ECCHR die Opfer von Menschenrechtsverletzungen darin unterstützt, Unternehmen vor Gericht zu ziehen, will Löning bereits im Vorfeld verhindern, dass es zu Unfällen kommt und dass damit überhaupt irgendwann prozessiert werden muss.

Die Idee kam Löning, als ihn in seinem früheren Amt deutsche Manager um Rat fragten. »Sie wollten mehr für die Beachtung der sozialen Rechte in der Dritten Welt tun«, erzählt er, »aber wussten nicht, wie.« Jetzt entwickelt Löning gemeinsam mit einigen seiner Kunden sogenannte »Sorgfaltskonzepte« und versucht Konzernchefs klarzumachen, dass entsprechende Produktionsbedingungen und damit verbunden die Achtung der Menschenrechte durchaus von Vorteil für sie sind. Sein Argument: Es würde sowohl den wirtschaftlichen Interessen als auch dem Image der Firmen nützen, so wie dies schon seit Längerem der faire Handel und eine nachhaltige Produktionsweise tun.

Dass Unternehmen heute mehr auf die Einhaltung von Menschenrechten achten müssen, ist letztlich auch den Medien zu verdanken. Seit der furchtbaren Katastrophe 1984 in einem Chemiewerk in der indischen Stadt Bhopal, die Tausende von Menschen das Leben kostete, wird aufmerksamer und kontinuierlicher berichtet. Ebenso wichtig ist das Engagement ziviler Organisationen, die mit ihrer Politik des »shaming and blaming« Wirtschaftsunternehmen anprangern.

Wenn die Menschenrechte überfrachtet werden

Im Fühjahr 2006 besuchte ich Südafrikas noch junges Verfassungsgericht in Johannesburg. Es hatte erst 1995, nach dem Ende der Apartheid, seine Arbeit aufgenommen und 2004 ein neues, prächtiges Gebäude auf dem Gelände des ehemaligen Johannesburg Fort bezogen. Standort wie Architektur stecken voller Symbolik. Fort Johannesburg war während der Apartheid ein berüchtigtes Untersuchungsgefängnis, in dem politische Gefangene wie Mahatma Gandhi und Nelson Mandela einsaßen.

An einer langen Wand im Eingangsbereich werden alle Grundrechte aufgezählt, die Südafrikas neue Verfassung seinen Bürgern gewährt. Ich las und las, die Liste wollte kein Ende nehmen. Der Richter, der mich stolz durch das Gericht führte, schmunzelte und fragte, ob mir schwindelig würde. »Ein wenig schon«, antwortete ich, »denn welcher Staat kann all diese Versprechen einhalten.«

Am Anfang steht die Gleichheit, noch vor der Menschenwürde und der Freiheit. Das ist ob der leidvollen Apartheidsgeschichte nur allzu verständlich. Deshalb hat das Diskriminierungsverbot auch eine herausragende Bedeutung. Südafrikas Verfassung zählt alles auf, was dem Staat untersagt ist: die Ungleichbehandlung wegen der Rasse oder des Geschlechts. Wegen der Herkunft, der Sprache oder der Heimat. Wegen politischer oder religiöser Anschauungen. Wegen des Alters, wegen Krankheit, Schwangerschaft oder einer Behinderung. Wegen der sexuellen Orientierung, des Glaubens oder des Gewissens. Wegen des Personenstandes, der Geburt oder Kulturzugehörigkeit.

Ähnlich lang wie dieser Verbotskatalog ist die Liste der sozialen Rechte und der Verpflichtungen des Staates. Dazu zählen das Recht der Bürger auf ein Dach über dem Kopf und auf bezahlbaren Wohnraum, auf faire Arbeitsverhältnisse, soziale Sicherung und medizinische Versorgung, auf Bildung und eine der Begabung entsprechende Erziehung, auf Nahrung, Zugang zu Wasser und Elektrizität.

An Johannesburg fühlte ich mich wieder erinnert, als ich im Dezember 2015 las, wer alles was zum Tag der Menschenrechte forderte; da wurde mir ähnlich schwindelig. Das reichte vom Recht der Flüchtlinge auf Zugang zum Wohnungsmarkt bis zum Recht von Schreibtischarbeitern auf einen gesundheitsfördernden Bürostuhl.

Auch etliche Menschenrechtsorganisationen weiten den Begriff der Menschenrechte immer weiter aus: Amnesty International zum Beispiel beschloss im Herbst 2015, sich weltweit für die Liberalisierung der Prostitution einzusetzen, weil so die Menschenrechte der in diesem Gewerbe tätigen Frauen und Männer am ehesten geschützt würden. »Prostituierte sind eine der am meisten vernachlässigten Gruppen in der Welt«, begründete AI-Generalsekretärin Salil Shetty die (auch innerhalb von Amnesty) heftig umstrittene Entscheidung, »sie sind in den meisten Fällen ständig dem Risiko von Diskriminierung, Gewalt und Missbrauch ausgesetzt.« In einem wütenden Brief hielten prominente Frauen wie Meryl Streep, Lena Dunham oder Kate Winslet dagegen. Amnestys Ruf, schrieben sie, würde irreparabel beschädigt, wenn es sich für eine Politik engagiere, »die Partei ergreift für Käufer von Sex, Zuhälter und andere Ausbeuter, anstatt für die Ausgebeuteten«.

Es mag in der Tat viel dafür sprechen, Prostitution zu entkriminalisieren, damit Sexarbeiterinnen nicht länger der Willkür etwa von Polizisten und von Wohnungsvermietern ausgesetzt sind. Die Frage aber bleibt, ob dies ein vorrangiges Menschenrechtsproblem ist. Denn Menschenrechte drohen zu verwaschen und ihre Universalität und Durchschlagskraft zu verlieren, wenn man sie mit Ansprüchen überfrachtet. Das sehen auch viele Menschenrechtler so. Wolfgang Grenz, Ex-Generalsekretär der deutschen Sektion von Amnesty International, mahnt: »Alles, was schlecht ist, beruht nicht unbedingt auf einer konkreten Verletzung eines Menschenrechts. Das Recht setzt die Maßstäbe, nicht das Bauchgefühl.«

Aber was heißt das konkret? Der eine sieht bei der Legalisierung der Prostitution die Grenze überschritten, der andere bei der Forderung, alte und pflegebedürftige Menschen nur noch in Einzelzimmern unterzubringen. Dem Dritten stehen die Haare zu Berge, wenn ein Menschenrecht auf Frieden oder auf eine natürliche Umwelt eingeklagt wird. »Wir haben doch noch nicht einmal die klassischen Menschenrechte durchgesetzt«, sagt Volkmar Deile, der in den 90er Jahren Generalsekretär der deutschen Sektion von Amnesty war.

Menschenrechte sind immer wieder in der Zwickmühle, vor allem wenn der Staat Raum für ihre Verwirklichung schaffen muss. Denn hier hat er einen oft weiten Entscheidungs- und Ermessensspielraum. Doch auf welche Leistungen kann und muss man den Staat verpflichten? Was etwa heißt es, in Würde zu altern?

Menschenrechte

Bürgerliche und politische Rechte

Persönlichkeits- und Freiheitsrechte

- Recht auf Leben und körperliche Unversehrtheit
- Schutz vor Folter und körperlichen Strafen
- Schutz der Privatsphäre
- Recht auf Asyl
- Recht auf Freiheit, Eigentum und Sicherheit der Person
- Freiheit von willkürlichen Eingriffen in die Privatsphäre
  (Unverletzlichkeit der Wohnung, Briefgeheimnis etc.)
- Gleichberechtigung von Mann und Frau
- Recht auf Eheschließung und Familie
- Meinungsfreiheit
- Gedanken-, Gewissens- und Religionsfreiheit
- Reisefreiheit
- Versammlungsfreiheit
- Informationsfreiheit
- Berufsfreiheit

Justizielle Menschenrechte

- Wirksamer gerichtlicher Rechtsschutz bei Rechtsverletzungen
- Recht auf faires Gerichtsverfahren
- Keine Strafe ohne vorheriges Gesetz
- Unschuldsvermutung

Soziale Menschenrechte

- Recht auf Selbstbestimmung
- Recht auf Arbeit und angemessene Entlohnung
- Recht auf Gründung von Gewerkschaften
- Recht auf soziale Sicherheit
- Recht auf einen angemessenen Lebensstandard
- Recht auf den besten erreichbaren Gesundheitszustand
- Recht auf Bildung
- Recht auf Teilhabe am kulturellen Leben

2011 zum Beispiel forderte der ehemalige UN-Sonderbe-richterstatter für das Recht auf Meinungsfreiheit und freie Meinungsäußerung, der Guatemalteke Frank la Rue, ein Menschenrecht auf Internetzugang. »Das sollte eine Priorität für alle Staaten sein«, sagte er, denn das Internet nehme inzwischen eine Schlüsselstellung für die Wahrnehmung der in der *Allgemeinen Erklärung der Menschenrechte* festgeschriebenen Rechte auf Informationsfreiheit und Bildung ein.

Doch gibt es wirklich ein Menschenrecht auf Internetzugang? Wo würde man die Grenze ziehen? Müsste es dann nicht als nächsten Schritt auch ein Recht auf einen schnellen, auf den modernsten Zugang geben, ein Recht auf Breitband und Highspeed? Wohl eher ist das Internet Mittel zum Zweck, ein wichtiges Instrument, um sich zu bilden, zu informieren und seine Meinung kundzutun. Doch der Zugang zu den Datenströmen ist ein politisches Ziel und kein unveräußerliches, unteilbares Menschenrecht.

Das Dilemma, in das Menschenrechte geraten können, lässt sich sehr anschaulich an Südafrikas Erfahrungen schildern. Bezüglich staatlicher Leistungspflichten entscheiden die Verfassungsrichter in Johannesburg mal so und mal anders. 2005 urteilten sie, die Bewohner eines illegalen Slums in der Nähe von Kapstadt dürften nicht einfach vertrieben werden, denn sie hätten ein Menschenrecht auf ein Dach über dem Kopf. In einem anderen Fall bestätigte das Gericht zwar eine grundsätzliche Staatspflicht zur Gesundheitsversorgung, lehnte jedoch die Bezahlung der teuren Dialysebehandlung des Klägers ab. Und die Menschenrechtsorganisation Human Rights Watch beklagt, dass Südafrikas Verfassung zwar allen ein Recht auf Bildung garantiere, doch dabei eine halbe Million Kinder mit Behinderungen vergesse, die nicht zur Schule gingen.

»Wo alles Wünschenswerte in Rechte gepresst wird«, warnt Beate Rudolf, Direktorin des Deutschen Instituts für Menschenrechte, »gibt es durchaus die Gefahr der Überfrachtung.« Doch dieses Problem ist wahrscheinlich nur philosophisch zu lösen.

Der Blick zurück lehrt, dass die Geschichte der Menschenrechte nie abgeschlossen ist. Was heute unwichtig erscheint, kann morgen schon Priorität genießen. Vor zwei, drei Jahrzehnten etwa hätte kaum jemand spezifische Ansprüche von Kindern oder von Menschen mit Behinderungen als Menschenrechte definiert. Heute sind sie in zahlreichen Konventionen ausdrücklich festgeschrieben, um den spezifischen Erfahrungen der Betroffenen besonderen Ausdruck zu verleihen.

Es kann für die Ausweitung der Menschenrechte kein absolutes Stoppschild geben. Aber bisweilen wäre mehr Bescheidenheit angebracht, damit diese Rechte nicht beliebig werden und an Rechtskraft und Universalität verlieren.

Statt eines Schlussworts ein Gespräch:
Menschenrechte sind keine Utopie!

Nur wenige haben auf dem Gebiet der Menschenrechte derart viel theoretisches Wissen und praktische Erfahrung wie Heiner Bielefeldt. Der Erlanger Philosoph, Jahrgang 1958, ist Deutschlands einziger Lehrstuhlinhaber für Menschenrechte und Menschenrechtspolitik. Er schrieb ein Buch über die *Philosophie der Menschenrechte* und leitete sechs Jahre lang (2003–2009) das Deutsche Institut für Menschenrechte in Berlin. Von 2010 bis 2016 war Bielefeldt außerdem Sonderberichterstatter der Vereinten Nationen für »Gedanken-, Gewissens-, Religions- und Weltanschauungsfreiheit«. Viele Inspektionsreisen führten ihn nach Afrika und Europa, in den Mittleren Osten und nach Asien.

Anfang Januar 2016 traf ich mich mit Heiner Bielefeldt in einem Göttinger Hotel zu einem Gespräch über die schwierige Lage der Menschenrechte. Saudi-Arabien hatte soeben 47 Menschen hinrichten lassen, darunter den schiitischen Scheich Nimr an-Nimr, Iran drohte den Saudis darum mit Vergeltung. Die EU hatte Polen unter Rechtsstaatsaufsicht gestellt. Und jeden Tag flohen Tausende von Menschen nach Europa, vor allem nach Deutschland, Österreich und Schweden.

Bielefeldt hatte fast die ganze Nacht durchgearbeitet, sein Bericht über die Probleme der Religionsfreiheit in Bangladesch musste abgeliefert werden, doch die Regierung in Dhaka hatte erst am Vorabend dazu schriftlich Stellung genommen. »Das ist kein Amt, das man ewig machen kann«, sagt Bielefeldt, »das hält man seelisch und körperlich nicht dauerhaft aus.«

Heiner Bielefeldt, als Sonderberichterstatter informieren Sie den Menschenrechtsrat der Vereinten Nationen über die weltweite Verletzung der Religions- und Weltanschauungsfreiheit. Kaum ein Land verletzt diese Rechte brutaler als Saudi-Arabien, das Sitz und Stimme in diesem Menschenrechtsrat hat. Ist das nicht absurd?

Das ist geradezu kafkaesk. Eigentlich fehlen mir die passenden Worte, um diese Absurdität zu beschreiben.

Wie haben Sie das sechs Jahre lang ausgehalten, einem Gremium Bericht zu erstatten, in dem selbst Menschenrechtsverbrecher sitzen?

Manchmal habe ich das Gefühl, meine Liebe zur UNO ist mit geschlossenen Augen leichter durchzuhalten. Wenn man die Augen öffnet, erlebt man oft Heuchelei, tiefe Abgründe, eine merkwürdig verschwurbelte diplomatische Sprache und den Zirkus der Eitelkeiten. Aber man trifft ebenso auf ehrlichen Willen und großes Engagement für die Menschenrechte – das ist die andere Seite.

Also ein verlogenes Spiel?

Um es in einem paradoxen Bild auszudrücken: Die UNO ist die Bühne dieser Welt und zugleich ein programmatisches Stück, das darauf aufgeführt wird. Auf der Bühne der Welt erlebt man alles, was ich gerade beschrieben habe. Aber das Stück handelt dann eben von Menschenrechten, Entwicklung und Frieden, und das bleibt unverzichtbar.

Ohne die Bühne der UNO hätten die derart unterschiedlichen Akteure, also die Staaten, die Regierungen und ebenso die Nichtregierungsorganisationen wie etwa Amnesty, Human Rights Watch oder die Fédération internationale des droits de l'Homme, keinen Raum für ihren gemeinsamen Auftritt. Wir brauchen beides, um in Menschenrechtsdingen, wenn auch nur millimeterweise, voranzukommen: die Bühne und das programmatische Stück. Für beides steht die UNO.

Jahrelang über schwere Menschenrechtsverletzungen zu berichten und ständig in Länder zu fahren, die Freiheitsrechte mit Füßen treten – etwas Frustrierenderes lässt sich kaum vorstellen. Woraus schöpfen Sie die Kraft?

(Tiefer Seufzer) Ich gebe zu, dass ich mich manchmal nicht einer gewissen depressiven Anwandlung entziehen kann. Aber dann bin ich doch immer wieder beeindruckt von den vielen Menschen, die sich selbst unter den schwierigsten Bedingungen nicht unterkriegen lassen.

Es gibt mehr Nelson Mandelas auf dieser Welt, als wir annehmen. Menschen, die die Kraft haben, dem Unrecht zu widerstehen, ohne dabei zu verbittern. Ihr Mut beeindruckt mich nicht nur, sondern beschämt mich zuweilen auch, weil diese Menschen nicht wie ich als bayerischer Beamter in Freiheit, Wohlstand und Sicherheit leben, sondern Enormes riskieren, oft sogar ihr Leben.

Aber stoßen Sie nicht immer wieder an Grenzen?

Durchaus, ich war zum Beispiel 2014 in Vietnam. Das war eine der härtesten Inspektionsreisen, die ich je für die UNO unternommen habe, und auch die einzige, die ich je aus Sicherheitsgründen zwischenzeitlich abbrechen musste.

Vietnam wird von einem Ein-Parteien-System beherrscht und ist ein autoritärer Polizeistaat. Treffen mit Oppositionellen und Vertretern unabhängiger Religionsgruppen sind nur unter großen Vorsichtsmaßnahmen möglich. Aber der Wunsch, mit uns zu sprechen, war riesig.

Doch unsere Gesprächspartner wurden allen Beteuerungen der Regierung zum Trotz unter gewaltigen Druck gesetzt. Einer von ihnen, der schon Jahre als politisch Verfolgter hinter Gittern gesessen hatte, erlebte plötzlich, dass vor seinem Garten ein Gefängnistransporter geparkt wurde. Ein anderer wurde unter Hausarrest gestellt. Als er eines Morgens aufwachte, stand vor seiner Tür ein Tisch, an dem vier uniformierte Wachleute saßen. Einem dritten wurden die Fensterscheiben eingeworfen.

Als wir in einem ländlichen Hotel im Mekong-Delta vier Oppositionelle empfingen, durften wir sie nicht zum Gespräch mit aufs Zimmer nehmen. Wir mussten mit ihnen stundenlang bei gleißendem Licht in der Hotellobby sitzen. Danach baten sie uns darum, sie nach Ho-Chi-Minh-City zu eskortieren, weil sie sich in der Stadt sicherer fühlten als auf dem Land, wo sich leichter Unfälle arrangieren lassen und es kaum Augenzeugen gibt. Trotzdem wurde einer unserer wichtigsten Gesprächspartner, kurz nachdem wir abgereist waren, von einem Motorrad überfahren und schwer verletzt. Natürlich können wir nicht beweisen, dass dies ein politisch motivierter Anschlag war, aber man kann sich des Verdachts schwer erwehren.

Woraus ich die Kraft schöpfe? Wenn ich angesichts der Weltlage Trübsal blase, rufe ich mir immer wieder diese mutigen Menschen in Erinnerung. Dann sage ich mir: Du darfst die Flügel nicht hängen lassen, darfst nicht weinerlich oder gar zynisch werden. Das ist nicht immer leicht.

Wenn Sie jetzt Bilanz ziehen, was bedroht Ihrer Erfahrung nach die Menschenrechte besonders?

Da gibt es eine ganze Palette von Gefahren: Jene Staaten, die sowieso schon ständig die Menschenrechte verletzen, werden noch brutaler. Außerdem greift der blanke Zynismus von autoritären Regimen wie Russland, China oder Saudi-Arabien immer weiter um sich. Es gibt eine wachsende Zahl von Ländern, denen es inzwischen völlig egal zu sein scheint, was mit den Menschenrechten passiert. Sie scheren sich nicht um ihr schlechtes Image, und sie halten es auch nicht mehr für nötig, ihre Verstöße gegen die Menschenrechte irgendwie zu rechtfertigen. Die Angst vor dem schlechten Image und der Zwang, sich rechtfertigen zu müssen – das waren einmal zwei wichtige Waffen im Kampf für die Menschenrechte.

Eine dritte Gefahr sehe ich im Kulturrelativismus und in der Behauptung, dass Menschenrechte vor allem »westliche Werte« seien und dass die anderen, also zum Beispiel Muslime oder Menschen aus Ostasien, erst einmal zu Abendländern konvertieren und unsere Werte annehmen müssten. Diese Haltung macht sich neuerdings wieder in der Flüchtlings- und Integrationsdebatte breit. Auf einmal werden Menschenrechte erneut mit kulturellen Zuschreibungen aufgeladen. Dabei dachten wir, dies wäre langsam überwunden.

Aber hat nicht zum Beispiel die Gleichberechtigung von Mann und Frau in unterschiedlichen Kulturen einen unterschiedlichen Stellenwert?

Natürlich gibt es Unterschiede, aber die hermetische kulturelle Indexierung ist nicht nur sachlich falsch, sondern für den Universalismus der Menschenrechte geradezu verheerend. Man kann die Menschenrechte durchaus exemplarisch interpretieren und sagen: Schaut her, dass ist die Art und Weise, wie wir ein bestimmtes Recht sehen und interpretieren. Doch wir dürfen nicht so tun, als hätten wir die »Copyrights« auf die Menschenrechte und als lägen ihre Wurzeln allein im christlichen Abendland.

In den 90er Jahren war ich auf einer Tagung zum Religionspluralismus in Malaysia. Als ich vortrug, dass auch ein säkularer Rechtsstaat ein sinnvolles Modell sein könnte, wurde mir vom Diskussionsleiter wiederholt um die Ohren geworfen, dass ich ein Europäer und durch und durch von europäischer Kultur geprägt sei, wir uns aber jetzt in Asien befänden.

Noch ehe ich überhaupt den Mund aufmachte, wurde mir klargemacht, dass ich als »europäische Stimme« in Asien zu schweigen habe. Da zählten keine Argumente mehr, sondern nur noch meine kulturelle Herkunft. Ich fühlte mich wie in einer Gummizelle. Hermetische Kulturkonzepte zerstören die Möglichkeit eines echten Gesprächs.

Noch einmal: Selbstverständlich gibt es kulturelle Unterschiede, aber was das bedeutet, muss in einer Gesellschaft offen ausgetragen werden können. Denn wer definiert die Kultur? Das Regime, eine Partei, eine Religion? Wer auf einer hermetischen Kulturdifferenz beharrt, macht jedes Gespräch unmöglich.

Gleichwohl: Gesellschaften sind höchst unterschiedlich – politisch, sozial, religiös, kulturell. Kann es da überhaupt ein gemeinsames Modell für die Menschenrechte geben?

Menschenrechte sind keine Einheitsideologie, sondern nehmen kulturellen und sonstigen Pluralismus ernst, aber nur insofern die Menschen – also auch Kritiker und Minderheiten – diesen Pluralismus frei artikulieren können. Das ist der entscheidende Punkt: Die Freiheit der Artikulation schafft den Zugang zum axiomatischen Kern der Menschenrechte –

nämlich zum Respekt vor dem Menschen als Verantwortungssubjekt.

Und das heißt?

Menschenrechte sind nicht nur idealistisch, sondern auch durchaus pragmatisch. Sie reagieren elastisch auf unterschiedliche Herausforderungen in unterschiedlichen Gesellschaften zu unterschiedlichen Zeiten. Menschenrechte sind keine Utopie für ruhige Zeiten.

Um es konkreter und weniger philosophisch zu beschreiben: Es gibt Bereiche der Menschenrechte, die nicht einschränkbar sind. Dazu zählen etwa das Folter- und das Sklavereiverbot, ebenso das Verbot von Gehirnwäsche. Denn wer dagegen verstößt, verletzt die Menschenwürde nicht nur irgendwie, sondern negiert sie total.

Die meisten Freiheitsrechte hingegen können unter bestimmten Umständen beschränkt werden, doch müssen diese Schranken jedes Mal begründet werden, und zwar anhand verbindlich vorgegebener Kriterien. Der Respekt vor der Menschenwürde zeigt sich dann darin, dass man die möglicherweise erforderlichen Einschränkungen der Freiheit nachvollziehbar begründet.

Das klingt wieder sehr abstrakt.

Hier ist ein konkretes Beispiel: Ich war 2014 auf einer Inspektionsreise in Kasachstan. Mitglieder der Regierung argumentierten, Religionsfreiheiten seien ja schön und gut, aber als Regierung müsse man in erster Linie für Ordnung sorgen. Ich habe dagegengehalten, es käme sehr genau auf die Qualität der Ordnung an. Genau das ist der Punkt: Beschränkungen der Freiheit müssten konkret gerechtfertigt und an Verträglichkeitskriterien gemessen werden.

Das allerdings war für einige meiner kasachischen Gesprächspartner ein ungewohnter, fremder Gedanke. Unser grundlegender Dissens war: Gemäß den Menschenrechten gehen wir davon aus, dass Religion frei praktiziert werden darf und der Staat dieses Recht nur konkret einschränkt, wenn triftige Gründe vorliegen. Die kasachische Regierung ging hingegen davon aus, der Staat müsse zunächst einmal die Religionsfreiheit »erlauben«.

Der Vorsitzende des Religionsministeriums erklärte mir, Auto fahren dürfe man ja schließlich auch nicht ohne Führerschein. Das ist ein fundamentales Missverständnis der Menschenrechte. Freiheiten werden nicht vergeben, sie sind keine Lizenzen. Die Achtung der Menschenwürde ist eine Prämisse, ein Axiom.

Der Menschenrechtskampf wird in erster Linie gegen Diktaturen und totalitäre Regime geführt. Sie gelten als Hort der Unfreiheit. Seit Diktaturen wie Syrien oder Libyen als Staaten zerfallen, sehnen sich manche Menschen nach der alten autoritären Ordnung zurück, weil es ihnen und ihren Rechten da besser erging. Können Sie diese Sehnsucht verstehen?

Ich kann das bis zu einem gewissen Grad nachvollziehen, denn die Erfahrung religiöser Minderheiten war ja häufig, dass sie im Halbschatten eines autoritären Staates halbwegs unbehelligt überleben konnten. Das syrische Assad-Regime, das selber von einer inner-schiitischen Minderheit getragen wird, hatte ein natürliches Interesse daran, dass in der Religionspolitik Ruhe herrschte.

Aber die Vorstellung, dass Menschenrechte in einem autoritären Regime bisweilen besser aufgehoben seien, geht in die Irre. Da geraten die Kategorien durcheinander.

Um beim Beispiel Syrien zu bleiben: Hier existierte vor dem Bürgerkrieg zwar ein durchsetzungsfähiger Staat, aber eben kein Rechtsstaat. Das moderne Syrien war stets diktatorisch regiert und respektierte die Menschenrechte überhaupt nicht. Die Sicherheit etwa für Religionsgemeinschaften war lediglich ein Gnadenakt der Regierung, eine Art temporäre pragmatische Toleranz, die jederzeit widerrufen werden konnte.

Dennoch: Terrororganisationen wie der Islamische Staat oder al Qaida verletzen die Rechte des Menschen mindestens so grausam wie Assad oder weiland der libysche Despot Gaddafi.

Ich war selber überrascht, welche große Rolle in meinem UN-Mandat als Sonderberichterstatter Menschenrechtsverletzungen seitens Terrororganisationen und Vigilantengruppen einnehmen. Es grenzt ja schon ans Absurde, mit einem Land wie Saudi-Arabien über die Einhaltung der Menschenrechte zu reden. Mit dem IS oder al Qaida oder ihren afrikanischen und asiatischen Ablegern stehen wir vor noch ganz anderen Herausforderungen und mit der Suche nach Lösungen erst am Anfang. Wir müssen neue Antworten und Wege finden, vor allem müssen wir die präventive Arbeit stärken.

In Libyen bombardierten westliche und arabische Staaten gemeinsam Gaddafi weg, weil er ein Massaker zu begehen drohte. Jetzt herrscht überall im Land Chaos, Terror und Mord. Zeigt nicht diese Erfahrung, dass eine sogenannte humanitäre Intervention zum Schutz der Menschenrechte am Ende den Menschen und ihren Rechten mehr schaden als nützen kann?

Nicht die Beseitigung Gaddafis war das Problem, sondern dass man Libyen danach sich selber überlassen hat. Aber der Reihe nach: Im Jahre 2005 formulierte die UNO die »responsibility to protect«, eine sogenannte Schutzverantwortung für die Menschen bei Völkermord und anderen schwersten Menschenrechtsverletzungen. Das war eine längst überfällige Flurbereinigung eines überkommenen Souveränitätsverständnisses. Denn staatliche Souveränität ist kein Freibrief für Staaten. Vielmehr gehört dazu auch die Aufgabe eines Staates, die Rechte der im Herrschaftsbereich lebenden Menschen zu achten und zu schützen.

Wenn der Staat nicht willens oder in der Lage ist, diese Aufgabe zu erfüllen, kommt die subsidiäre Verantwortung der Staatengemeinschaft zum Tragen. Damit ist nicht in erster Linie die militärische Intervention gemeint. Die erste Pflicht besteht darin, Völkermord und andere schwere Menschenrechtsverletzungen präventiv zu verhindern. Wenn das nicht gelingt, kann der zweite Schritt eine militärische Intervention sein. Doch dann muss, drittens, der angegriffene Staat beim Wiederaufbau unterstützt werden.

Als UN-Sonderberichterstatter waren sie zwischen 2010 und 2016 für die Überwachung der Religionsfreiheit zuständig, also für ein klassisches Kern-Menschenrecht. Doch außer Ihnen gab es viele weitere Berichterstatter, zum Beispiel für »Giftmüll« oder für eine »internationale demokratische Ordnung«. Was hat das noch mit den Menschenrechten zu tun?

Da bin ich auch skeptisch. Wir erleben, dass die Menschenrechte manchmal überdehnt und fragmentiert werden. Das ist eine große Gefahr. Wenn ich zum Beispiel in einem Schulbuch im Zusammenhang mit der Menschenrechtsbildung vom Recht auf ein eigenes Kinderzimmer lese, dann denke ich manchmal, o je, die Menschenrechte werden zum Wunschzettel fürs Christkind.

Dahinter stecken manchmal Wunschdenken und Naivität, manchmal aber auch die strategischen Interessen einiger Staaten. Sie wollen die ihnen lästigen Menschenrechte durch Inflationierung von innen schwächen. Denn je mehr man hineinstopft, desto unkenntlicher und weicher werden die Rechte. Das Ziel ist die Implosion.

Weil es mittlerweile schwierig geworden ist, die allgemeinen Menschenrechte offen zu negieren, setzen sich eben auch Staaten wie Saudi-Arabien in den UN-Menschenrechtsrat und warten plötzlich autoritäre Regime mit eigenen Wünschen auf.

Ihren Relativismus gegenüber den Menschenrechten formulieren solche Staaten heute oft nicht mehr als ein schroffes NEIN zu diesen Rechten, sondern mit einem JA, ABER oder besser noch: mit einem JA-UND, indem sie reihenweise neue Forderungen in den Warenkorb werfen und den Menschenrechtskatalog überfluten und unkenntlich machen.

Ein Beispiel ist die Resolution über »traditionelle Werte«, die der UN-Menschenrechtsrat im September 2012 verabschiedet hat. Eine treibende Kraft dahinter war Russland, das die Beschwörung verschwiemelter »traditioneller Werte« als Nebelwerfer benutzt, um etwa eine Rolle rückwärts in Sachen sexueller Selbstbestimmung zu vollziehen.

Da findet sich das autoritäre Russland in bester Gesellschaft mit einigen europäischen Demokratien. Auch die polnische und die ungarische Regierung berufen sich beim Staatsumbau und bei der Einschränkung von Freiheitsrechten auf sogenannte »traditionelle Werte«.

In der Tat – und hier liegt für mich die vierte große Gefahr für die Menschenrechte: Eine wachsende Zahl demokratischer Staaten droht sich in einem Antagonismus zu verrennen, der da lautet: Demokratie gegen Menschenrechte. Nach der Devise »Wir sind wir!« wird ein kollektiver Volkswille über das internationale Recht gestellt und eine wie auch immer definierte Identität gegen den Universalitätsgedanken ausgespielt.

Das Demokratiekonzept rechtspopulistischer Regierungen erinnert mich sehr an den deutschen Staatsrechtler Carl Schmitt, der in der Weimarer Republik den Demokratiebegriff als Erster systematisch von rechts belegt und transformiert hat. Demokratie ist danach ein Hort der Ordnung und Ausdruck der vitalen Selbstbehauptung kollektiver Identität in scharfer Abgrenzung zu allen anderen.

Dissidenten und Fremde gelten dann schnell als Feinde, als fünfte Kolonne. Demokratie und Menschenrechte verhalten sich in diesem Konstrukt wie Feuer und Wasser, mit einer fatalen Konsequenz: Je geringer die individuellen Freiheitsrechte, je stärker angeblich der mystisch verklärte Volkswille, desto vitaler angeblich die Demokratie.

Drohen Europas Demokratien ihre Vorbildfunktion als Verfechter der Menschenrechte zu verlieren?

Diese Gefahr sehe ich durchaus. Zwar sind rechtspopulistische Strömungen keine ganz neue Erscheinung in Europa, aber in dieser Massivität schon. Kein Land scheint wirklich mehr immun gegen die Aushöhlung der Freiheitsrechte zu sein. Die Sympathien etlicher Deutscher für den autoritären Regierungsstil des Wladimir Putin, die wachsenden rechtspopulistischen Parteien in Europa, selbst in Skandinavien, oder die Ausrufung eines auf Dauer angelegten Ausnahmezustands in Frankreich – das alles macht mir große Sorge.

Wir müssen das Verständnis dafür wieder stärken, dass Demokratie und Rechtsstaat sowie Demokratie und Menschenrechte wesensmäßig und nicht nur zufällig zusammenhängen. Europas Ideale und Rechtsgrundsätze sind sonst wirklich in Gefahr.

Also ein weiterer Grund zur Depression?

(Lacht) Bevor wir ganz darin versinken, sollten wir uns daran erinnern, dass Zigtausende von Menschen gegen die Einschränkung ihrer Freiheitsrechte auf die Straße gehen, und zwar überall: in Warschau wie in Krakau, in Budapest wie in Paris. Das gibt Hoffnung.

Und nicht nur Deutsche engagieren sich in großer Zahl für Flüchtlinge. Auch Ungarn und Polen, Tschechen und Slowaken, Dänen, Briten und Schweizer helfen und lassen sich nicht von der nationalistischen Politik ihrer Regierungen einschüchtern.

Es stimmt, europäische Vorbilder drohen wegzubrechen. Aber das riesige zivilgesellschaftliche Engagement ist zugleich eine neue und ganz tolle Erfahrung.

Lektüretipps

Amnesty International: Report 2015/2016. The State of the World's Human Rights. London 2016.

Bergmann, Jan / Dienelt, Klaus: Ausländerrecht. Richterkommentar zum Ausländer- und Asylrecht. 11. Aufl. München 2016.

Bielefeldt, Heiner: Philosophie der Menschenrechte. Darmstadt 1998.

Gössner, Rolf (Hrsg.): Mythos Sicherheit. Der hilflose Schrei nach dem starken Staat. Baden-Baden 1995.

Grenz, Wolfgang / Lehmann, Julian / Keßler, Stefan: Schiffbruch. Das Versagen europäischer Flüchtlingspolitik. München 2015.

Heymann, Philip B. / Kayyem, Juliette N.: Protecting Liberty in an Age of Terror. Cambridge, Massachusetts, 2005.

Human Rights Watch: Torture. Does It Make Us Safer? Is It Ever Okay? New York 2005.

– World Report 2016. Events of 2015. New York 2016.

Kaleck, Wolfgang: Mit Recht gegen die Macht. München 2015.

– / Saage-Maaß, Miriam: Unternehmen vor Gericht. Globale Kämpfe für Menschenrechte. Berlin 2016.

Kursbuch 163 (2006): Themenheft »Folter und Feste«.

Singer, P. W.: Wired For War. New York 2009.

Reclam 100 Seiten

- ♦ **Zu aktuellen Themen**
- ♦ **Für einen schnellen Überblick**
- ♦ **Persönlich geschrieben**
- ♦ **Unterhaltsam präsentiert**
- ♦ **Modern gestaltet**

Menschenrechte, Superhelden, Reformation,
John F. Kennedy, Jane Austen, Gilmore Girls,
David Bowie – und viele weitere Themen

RECLAM